S. FISCHER

Ahmad Mansour

Operation Allah

Wie der politische Islam unsere Demokratie unterwandern will

S. FISCHER

FSC
www.fsc.org
MIX
Papier | Fördert gute Waldnutzung
FSC® C083411

2. Auflage, 2025
Originalausgabe
Erschienen bei S. FISCHER

Teile des Buches basieren auf einer Serie,
die 2021 in der Zeitung »Die Welt« erschienen ist.

Satz: Dörlemann Satz, Lemförde
Druck und Bindung: CPI books GmbH, Leck
ISBN 978-3-10-397133-0

Kontaktadresse nach EU-Produktsicherheitsverordnung:
produktsicherheit@fischerverlage.de

Dieses Buch möchte ich den Personenschützern des LKA Berlin widmen, die mich in den letzten sechs Jahren überallhin begleitet und mich geschützt haben. Durch ihren Schutz gaben sie mir den Mut, trotz Bedrohungen kritisch zu bleiben und dieses Buch schreiben zu können.

Inhalt

Unterwanderung: Ich weiß, dieses Wort löst Emotionen aus – vor allem Angst, die eigene Identität zu verlieren. Was passiert also in Zeiten der schnellen Empörung, wenn ein Buch die Formulierung »Wie der politische Islam unsere Demokratie unterwandern will« im Titel trägt?

Die einen lesen nur die Worte »Islam« und »unterwandern« und fühlen sich sofort in ihrem Eindruck bestätigt, von allen Muslimen gehe per se Gefahr aus. Sie haben eine diffuse Angst vor einer Islamisierung des Abendlandes, davor, dass sich dieses Land zu einem komplett muslimischen Staat entwickelt, dass alle Frauen Kopftuch tragen müssen und Moscheen wie Pilze aus dem Boden sprießen. Damit lässt sich viel Hass säen, aber auch politische Macht schaffen, siehe AfD.

Andere wiederum werden mir vorwerfen, ich bediene Vorurteile, mache den Islam schlecht, ziehe alle Muslime in Mitleidenschaft, bediene rechte bis rechtsradikale Argumente und treibe die Islamophobie voran.

Beide Seiten muss ich enttäuschen. Beide Betrachtungsweisen sind falsch. Es geht in diesem Buch nicht um *den* Islam und *die* Muslime, sondern um eine bestimmte Gruppe von Islamisten mit einer klaren Ideologie, die auch bei vielen Muslimen selbst sehr umstritten ist. Genauso wenig geht es hier darum, radikale Ansichten zu bestätigen. Es geht darum, ein existierendes Problem aufzuzeigen, eines, mit dem wir uns beschäftigen und es auch als das benennen sollten, was es ist, bevor es wächst und so groß wird, dass es nur noch schwer zu bewältigen ist.

Wir brauchen die Bereitschaft und den Mut, uns aus unseren Echokammern und Informations- und Denkblasen herauszutrauen, Dinge komplex und ausgewogen zu betrachten und Dinge mit aller Offenheit anzusprechen, ohne uns in Debatten über Begriffe und Moralansprüche zu verlieren. Es geht um Inhalte und darum, die demokratischen Werte dieser Gesellschaft gegen jeden zu verteidigen, der sie nicht respektieren oder gar abschaffen möchte. Wir müssen reden. Und zwar richtig. Ohne Beschönigung, ohne falsche Toleranz und ohne Panikmache.

Prolog
Vom Brückenbauer zum Krawallmacher

Als ich nach Deutschland kam, fand ich ein Land vor, das mir Sicherheit gab. Ich sah kaum Soldaten auf der Straße, keine Waffen. Ich musste nicht vor jedem Gebäude meinen Ausweis zeigen, meine Taschen wurden nicht durchsucht. Ich musste bei Restaurantbesuchen nicht immer wieder nach Taschen Ausschau halten, die zu niemandem gehörten. Es konnte mir egal sein, wenn sich jemand komisch verhielt.

Als ich nach Deutschland kam, fand ich auch ein Land vor, das mir Freiheit gab. Die Freiheit, selbstbestimmt zu leben. Ich konnte freitagmittags in die Moschee gehen und beten und am gleichen Abend im Studentenwohnheim eine Party feiern. Ich konnte mich verlieben, Hand in Hand mit meiner Freundin durch die Straßen gehen, ohne Angst zu haben, jemand könne uns dabei erwischen. Ich konnte frei mit meiner Religion umgehen, die mir in meiner alten Heimat mindestens mit jedem der fünf täglichen Rufe des Muezzins in Erinnerung gerufen worden war. Ich konnte mich mit Freunden treffen, ohne den Druck, ja kein Gebet zu verpassen. Ob ich fastete, betete oder Alkohol trank: All das war auf einmal privat. Ich war weit weg von sozialen Zwängen, von religiöser oder kultureller Kontrolle. Was ich dachte, was ich machte, was ich glaubte, war einzig und allein für mich relevant. Es war ein Gefühl, das ich kaum kannte.

Die Grundlage meiner Freiheit war die Demokratie. Das hört sich vielleicht an wie eine Binsenweisheit, doch für mich war diese Erkenntnis eine Erleuchtung. Man darf nicht unterschätzen, wie sehr die Demokratie dabei hilft, sich als Individuum zu entfalten, einen Zugang zu den eigenen Gefühlen und Bedürfnissen zu entwickeln und sich mündig zu fühlen.

Meine Gedanken, meine Zeit, mein Verhalten gehörten nur mir. Mein Geld, meine Liebe, meine Freunde: nur mir. Ich entdeckte die Lust am Hinterfragen von Sachverhalten und am kritischen Denken. Ich sagte, was ich dachte. Ich tat, was ich wollte. All das werden Menschen, die in demokratischen Verhältnissen aufgewachsen sind, kaum verstehen. Für sie ist all das selbstverständlich. Für jemanden, der in einer patriarchalischen Familie groß geworden ist, in einer von Tradition, Kultur und Religion bestimmten Gesellschaft, die jegliches Anderssein verachtet, ist es das nicht. Und so kommt es, dass viele Migranten mich in diesem Fall besser verstehen werden als viele meiner deutschen Freunde.

In den vielen Jahren, die ich nun schon in Deutschland lebe, haben sich diese Freiheit und die Grundsätze der Demokratie zum Schwerpunkt meiner Arbeit entwickelt. Ich nutze sie. Ich bringe anderen ihren Wert bei. Ich verteidige sie. Unter allen Umständen. Doch das wird von Jahr zu Jahr schwieriger.

Es hat sich etwas verändert.

Ein Beispiel: Im November 2021 veröffentlichte ein Mann auf seiner Facebook-Seite einen langen Kommentar zu einem meiner Texte, in dem ich die Antirassismusdebatte kritisiert hatte. In dem Kommentar schrieb dieser Mann, ich sei ein Lügner, ein Schleimer, ein Opportunist, ein »Gehilfe der deutschen Rechtsextremisten«, der immer wieder mit verschiedenen Methoden versuche, Rassismus, Islamophobie und Menschenfeindlichkeit in Deutschland zu relativieren, zu verharmlosen und davon abzulenken. Er beschuldigte mich der Opfer-Täter-Umkehr. Außerdem schrieb er über mich: »Das Einzige, was er sich, wie die meisten deutschen Rassisten, nicht erlaubt, ist der offene Antisemitismus, weil er weiß, er würde es sich gänzlich verscherzen damit.« Der gesamte Post war noch länger. Der Inhalt blieb in etwa der gleiche.

Ein Facebook-Kommentar, in dem ich persönlich angesprochen werde, ist nicht ungewöhnlich. Ich bekomme jeden Tag Nachrichten, Kritiken und Kommentare, aber auch Bedrohungen und Beschimpfungen. Manche von ihnen machen mich traurig, andere machen mir Angst. Und wieder andere bringen mich zum Nachdenken, liefern mir Denkanstöße, zeigen mir Alternativen auf und helfen mir, meine Einstellungen zu hinterfragen und weiterzuentwickeln. Diese Entwicklung findet auch statt im Gespräch mit Freunden, mit meiner Frau und in vielen Workshops und Diskussionen in Schulen, Gefängnissen und Veranstaltungen.

Kritik ist gut und wichtig, wenn sie denn konstruktiv ist, was dieser Facebook-Kommentar nicht mal ansatzweise war. Wahrscheinlich hätte ich ihn deshalb sogar komplett beiseitegelegt, wenn ich nicht herausgefunden hätte, dass der Verfasser dieses Kommentars der Integrationsbeauftragte des Landkreises München war. Also eigentlich ein Partner, ein Kollege, der das gleiche Ziel wie ich haben sollte: die Integration von Menschen mit Migrationsgeschichte, die Vermittlung von gesellschaftlichen Werten.

Es hat sich etwas verändert.

Oder wie ist es sonst dazu gekommen, dass Menschen verstärkt das Gefühl haben, mich als unmündigen, nützlichen Idioten irgendwelcher Mächte, als Lügner oder als Gehilfen der Rechtsextremisten in Deutschland zu bezeichnen? Wann habe ich in meinem Leben mit Rechtsextremen kooperiert?

Einladungen von ihnen angenommen oder für sie Werbung gemacht? Wer ist der Lügner bei der Behauptung, ich sei ihr Gehilfe? Laut meinen Unterlagen, die ich sehr genau kenne, bin ich vor allem Gehilfe von MIND prevention, meiner Initiative für Demokratieförderung und Extremismusprävention. Wir bieten Workshops in Schulen, Asylunterkünften, Gefängnissen und Willkommensklassen an, um pädagogische Dialogplattformen durch Rollenspiele zu schaffen. Und um ehrlich zu sein, empfinde ich die Diskussionen in Gefängnissen mit Straftätern und Kriminellen mittlerweile als angenehmer, konstruktiver, zielorientierter und toleranter als viele andere Diskussionen. So wie zum Beispiel eine Podiumsdiskussion während der Islamkonferenz im November 2018, an die ich mich nicht gern erinnere – dabei hatte alles so vielversprechend begonnen.

Damals hatte das Landeskriminalamt Berlin entschieden, mich mit Personenschützern zu begleiten. Das ist eigentlich immer der Fall, wenn eine Veranstaltung mit mir öffentlich angekündigt und für die Allgemeinheit zugänglich ist. Im Fall von Hamed Abdel-Samad und Seyran Ateş, die ebenfalls eingeladen waren, entschied das LKA das Gleiche. Die Begleitung durch Personenschützer liegt nicht in unserer Hand, sondern ist das Ergebnis einer professionellen Bewertung unserer Sicherheit in einer bestimmten Situation. Was es nicht ist: eine Zurschaustellung unserer Wichtigkeit. Sie können mir glauben, es wäre mir lieber, auf Personenschützer verzichten zu können, denn diese Begleitung schränkt ein. Spontanität oder Intimität sind kaum möglich. Zudem ist das Ganze mit viel Arbeit verbunden, um alle logistischen Anforderungen zu erfüllen.

Nichtsdestotrotz war die Konferenz eine wirkliche Bereicherung. Viele, die in den Jahren zuvor in die Islamdebatte involviert gewesen waren, trafen aufeinander: Islamwissenschaftler, Pädagogen, Professoren, Verbandsvertreter, Journalisten, liberale Muslime und viele mehr. Endlich konnte ich persönlich mit Menschen sprechen, die ich bis dato nur aus den sozialen Medien oder Zeitungsartikeln gekannt hatte. Das brachte uns einander näher, manches Missverständnis klärte sich. Ich war stolz, dabei sein zu dürfen, und hoffnungsvoll, dass sich die Debatten jetzt anders entwickeln und neue Dialogplattformen entstehen würden.

Doch diese Hoffnung endete am zweiten Tag, als sich eine Vertreterin eines muslimischen Verbands während einer Diskussion meldete und sich darüber beschwerte, dass sich so viele LKA-Beamte im Saal aufhalten würden. Sie fragte uns: »Stelle ich eine Gefahr für Sie dar?« Die Situation bezeichnete sie als Theater, als etwas, das sie persönlich verletze.

Ich erschrak, als ich sah, dass die Hälfte der Menschen im Saal ihr leidenschaftlich applaudierten. Wir versuchten, uns zu erklären. Das sei nicht unsere Entscheidung. Wir würden hier nicht vor den Teilnehmern beschützt werden. Der Personenschutz sei in Situationen wie diesen einfach notwendig. Der Staatssekretär mischte sich ein, versuchte zu vermitteln. Es half nichts. Letztendlich war nicht die Tatsache das Problem, dass wir seit Jahren Personenschutz brauchten, weil wir bedroht wurden, sondern die Tatsache, dass sich Menschen dadurch gestört fühlten.

Auf dem Weg nach Hause dachte ich viel nach. War das wirklich alles Theater gewesen? War es auch Theater, als mich ein Mann beim Friseur erkannte und wütend wurde, mich anschrie, ich sei ein »Islamhasser« und »eine zionistische Schlampe« und mit einem Messer auf mich zukam? War es Theater, als ein arabischer Supermarktinhaber mich aus seinem Laden schmiss mit der Begründung, er wolle Verrätern nichts verkaufen? Oder als ein Mann bei einem Marktbesuch mit meiner Tochter meinte, er müsse hier und jetzt und sehr laut mit mir meine angeblich islamfeindlichen Einstellungen diskutieren? War der Taxifahrer Theater, der mich erkannt und daraufhin für den Rest der Fahrt Dschihad-Lieder abgespielt hatte?

Warum fühlen sich Menschen dazu berufen, mir und anderen liberalen Muslimen mit blinder Skepsis zu begegnen, wie beispielsweise Politiker, die, ohne sich jemals mit unserer Arbeit beschäftigt zu haben, vor uns warnen? Oder muslimische Aktivisten, die kein Problem damit haben, mit Islamisten zusammenzuarbeiten, dann aber zu einer meiner Veranstaltungen kommen, um ihren Unmut über meine Thesen zu äußern? Ich wiederhole an dieser Stelle noch mal ganz deutlich: Ich wünsche mir eine Diskussion. Sie muss nur sachlich sein. Eine Veranstaltung ohne Austausch von Argumenten und ohne Widerspruch halte ich für eine verlorene Veranstaltung. Und es gibt viele Menschen, die – egal welche Religion sie haben – konstruktiv diskutieren. Doch ihnen geht es nicht darum. Es geht ihnen darum, dafür zu sorgen, dass die Veranstaltung gestoppt wird.

Es gibt aber auch Menschen, die bei meinen Veranstaltungen gar nichts sagen, nur um mir hinterher in den sozialen Medien vorzuwerfen, ich sei rassistisch oder islamfeindlich, ohne jeden Beleg, ohne jedes Argument – ähnlich wie jener Mann, der auf Facebook einen Kommentar über mich geschrieben hatte.

Wo ist die Bereitschaft, bei den Themen Migration, Integration, Islam und Rassismus auch kritische oder neue Perspektiven zu erlauben? Warum werden diese Perspektiven so schnell in die Ecke des Rechtsextremismus gerückt und als ausländer- oder islamfeindlich abgestempelt?

Habe ich mich verändert, obwohl meine Thesen und Beschäftigungsfelder noch immer die gleichen sind? Ich versuche sogar, sensibler zu formulieren als früher und noch mehr den Dialog zu suchen. Oder hat sich die Gesellschaft verändert?

Denn ich bemerke eine massive Verschärfung der Reaktionen auf meine Worte.

Ein Grund dafür ist sicherlich die AfD. Sie war das Schlimmste, das meiner Arbeit passieren konnte. Sie hat den Diskurs in diesem Land derartig vergiftet, dass eine sachliche Auseinandersetzung mit »ihren« Themen, nicht mehr möglich erscheint. Wer auch nur ansatzweise die Positionen der AfD vertritt, ist verbrannt. Ich frage mich, wie ich damit umgehen soll, dass eine Partei die gleichen islamkritischen Einstellungen wie ich hat, sie jedoch diese Themen aus Hass bespricht und ich aus Liebe zur Freiheit und zur Demokratie. Ich versuche dabei nicht zu verallgemeinern. Ich benenne das Problem und biete Lösungen an. Die AfD hingegen will Panik machen, Hass verbreiten und vor allem: Sie hat kein Interesse an Lösungen. Die AfD ist kein Partner. Sie hat nicht die Absicht, einen liberalen demokratischen Islam zu schaffen oder die Integration zu verbessern. Sie will nicht, dass Rassismus abgebaut wird. Sie hat Interesse daran, Probleme bestehen zu lassen, genau wie Islamisten übrigens, um dadurch Panik und Angst zu verbreiten. Das ist die Nahrung, die sie braucht, um weiter am Leben zu bleiben und zu wachsen.

Andere Parteien kritisiere ich übrigens auch. Die Naivität beispielsweise, mit der SPD, Linke, Grüne und auch Teile der CDU mit dem Thema umgehen. Ihre Migrations- und Integrationspolitik, ihre unkritische Haltung zur Identitätspolitik und manchmal auch die Zusammenarbeit mit dem politischen Islam. Und ja, das sollte man auch kritisieren. Aber in jeder dieser Parteien gibt es Partner, die meine Haltungen teilen und fördern oder mit ihrer Politik die Lage verbessern wollen. Das kann man in keiner Weise von der AfD behaupten.

Warum der Diskurs in den Bereichen Migration, Integration, Islam und Rassismus derart vergiftet ist, hat noch weitere Gründe. Einen davon habe ich schon genannt, und um ihn geht es in diesem Buch: der politische Islam. Er trägt zum Beispiel Mitverantwortung dafür, dass Menschen mit Migrationsgeschichte inzwischen pauschal als homogene religiöse Gruppe angesprochen und gedacht werden. Um sie zu erreichen, werden keine individuellen Maßnahmen entwickelt, die erst einmal nichts mit Religion zu tun haben, sondern es werden muslimische Verbände, Moscheen und religiöse Strukturen gefördert. Die Folge: Integrationsträger, zivilgesellschaftliche Organisationen, Integrationskurse und Dialogplattformen sind zum Teil von Akteuren des politischen Islam und ihren Sympathisanten durchzogen. Und so werden unter den Augen von Politik und Verwaltung viele Initiativen finanziert, die nicht im Sinne unserer demokratischen Grundprinzipien handeln und nicht das erreichen können, was sie erreichen sollen – im schlimmsten Fall sogar kontraproduktiv wirken. Projekte, in denen man zum Beispiel muslimische Jugendliche empowert, sind zu begrüßen. Bitte mehr davon. Projekte aber, in denen man muslimische Jugendliche in ihren religiösen Ansichten empowert, handeln nicht im Sinne der Demokratie und schaffen nur noch mehr Probleme.

Es geht mir hier nicht darum, Religiosität zu kriminalisieren. Es geht mir auch nicht darum, die Mitgestaltungswünsche religiöser Menschen abzulehnen. Es geht um die Einseitigkeit, mit der Menschen mit Migrationsgeschichte angesprochen werden. Und um die Naivität, mit der wir dem politischen Islam begegnen. Wer religiös sein will, ist frei, dies zu sein. Wer aber Einfluss nehmen will, um die Freiheit anderer zu unterdrücken, und das tut der politische Islam, handelt nicht demokratisch. Haben Sie sich schon mal gefragt, wie schwierig es für viele muslimische Frauen ist, hier und heute und in diesem Land selbstbestimmt zu leben? Einen Freund zu haben? Ihr Kopftuch abzulegen? Haben Sie sich schon mal gefragt, wie schwierig es an manchen Orten für Juden ist, sich frei zu bewegen? Oder für Islamkritiker? Wir waren da schon mal weiter.

Neben all diesen Entwicklungen ist noch etwas Weiteres, äußerst Kontraproduktives passiert: Uns ist die Streitkultur abhandengekommen. Die Ambiguitätstoleranz, die Fähigkeit also, Komplexität, Mehrdeutigkeiten und Widersprüche auszuhalten, hat seit einigen Jahren massiv abgenommen. Ist das die Reaktion unserer Gesellschaft auf Rechtspopulismus? Auf die AfD? Hat man die Hoffnung, diese Partei bekämpfen zu können, indem man Themen, die sie für sich gekapert hat, nicht bearbeitet? Wo ist die Bereitschaft, sich darüber auszutauschen und die Feinde der Demokratie zu erkennen? Wo ist die Entschlossenheit, mit der man zu Recht dem Rechtsextremismus begegnet, wenn es um Islamismus geht?

Wo sind die Toleranz und der Respekt anderen Menschen gegenüber, die immer gefordert werden, die aber nicht für Meinungen zum Tragen kommt, die dem eigenen engen Weltbild nicht entsprechen? Harmonie in Blasen ist nicht das beste Ergebnis, das man in einer Demokratie haben kann.

Wer heute in der Politik Karriere machen möchte, vermeidet am besten alles, was kontrovers diskutiert werden könnte. Wir erziehen unsere Politiker im Moment dahingehend, dass sie bei den wichtigsten Themen unserer Gesellschaft keine Haltung mehr einnehmen, sondern sich in Relativierungen verlieren. Es sei denn, es geht um die AfD, da sind unsere Politiker leidenschaftlich. Wenn es aber um die Meinungsfreiheit, Integration oder den politischen Islam geht, sehe ich nur vereinzelt Menschen, die diese Themen öffentlich zu diskutieren wagen. Die große Masse der Abgeordneten beschäftigt sich damit nicht.

Sind ja AfD-Themen. Wir bestrafen Menschen, die eine klare Haltung haben, und werfen ihnen Populismus vor.

Wir brauchen eine Rückkehr zur Bereitschaft, Kontroversen zuzulassen. Der ganze Bereich um Integration, Prävention, Deradikalisierung und Islam ist so einseitig geworden, dass jede Abweichung von unkritischer Betrachtung ein Grund ist, sie zu diskreditieren. Schon allein meine These, Integration sei auch eine Bringschuld der Zugewanderten, ist häufig ein Grund, mich als Nazi zu bezeichnen. Die Position, für ein Neutralitätsgesetz zu sein, also das Tragen von Kopftüchern bei Lehrerinnen, Polizistinnen oder Richterinnen abzulehnen, wird als rassistisch und diskriminierend bezeichnet. In manchen Kreisen lehnt man sogar den Begriff Islamismus ab. Politisch korrekt solle man »religiös begründeter Extremismus« sagen. Doch selbst dieser Begriff ist inzwischen umstritten, weil angeblich die Gefahr besteht, man könne Extremismus mit Religion vermischen. Das Problem: Beim Islamismus ist genau das der Fall. Genauso ablehnend wird reagiert, wenn man religiöse Aspekte als Ursachen für Radikalisierung nennt.

Ob man über Rassismus, Islamismus, Integration, Gewalt unter Jugendlichen, Gewalt im Namen der Ehre oder Antisemitismus spricht, die einzige Ursache für Probleme bei diesen Themen scheint inzwischen die Mehrheitsgesellschaft zu sein. Und statt Muslime als mündige Menschen zu behandeln, die für ihr eigenes Handeln Verantwortung übernehmen können und müssen, statt solche Probleme auf unterschiedlichen Ebenen zu betrachten, werden sie als Opfer gesehen. Die These: Sie radikalisieren sich und sind antisemitisch, weil sie diskriminiert werden.

Solche Sichtweisen sind in den Postcolonial Studies und in der Identitätspolitik sehr verbreitet und haben natürlich ihre Berechtigung im Diskurs. Was allerdings nicht passieren darf, ist, dass der ganze Diskurs damit gekapert wird, so dass andere Sichtweisen nicht nur verhindert, sondern sogar bekämpft werden.

Doch heute hört man anscheinend lieber Menschen zu, die sagen, dass Integration wunderbar funktioniere. Man möchte nicht hinschauen, weil es unbequem ist. Man will glauben, wir hätten es geschafft. Man möchte Vielfalt als Bereicherung empfinden – und nur das. Dass es dabei auch Probleme gibt, die wir lösen müssen, stört die Harmonie. Und so werden diejenigen, die auf Probleme hinweisen, um sie zu lösen, nicht als Brückenbauer gesehen – sondern als Krawallmacher.

Warum es so schwierig ist, von Islamismus und Unterwanderung zu sprechen

Im Jahr 2016 wurde zum ersten Mal der *European Islamophobia Report veröffentlicht*. Laut Eigenbeschreibung bietet er »eine allgemeine Bewertung zur Islamophobie in Europa«. Seitdem erscheint er jedes Jahr und nimmt jeweils Bezug auf das Jahr zuvor. Im *European Islamophobia Report 2017* steht im Abschnitt über Österreich zum ersten Mal mein Name.[1] Ich war fassungslos, als ich las, dass ich angeblich zu den lautstärksten islamophoben Stimmen in der Öffentlichkeit gehöre.

Ich war nicht der einzige liberale Muslim, der in diesen Reports als antimuslimisch und islamophob bezeichnet und auf die gleiche Stufe gestellt wurde wie Rechtsradikale, Rassisten und Menschen, die Gewalt auf Muslime ausüben. Auch Mouhanad Khorchide, Wissenschaftler und Leiter des Zentrums für Islamische Theologie an der Uni Münster, oder Hamed Abdel-Samad und Necla Kelek wurden undifferenziert als islamophob bezeichnet.

Ein Jahr später, als das Projekt sogar durch Gelder der Europäischen Union unterstützt wurde, war die Ausdrucksweise zwar eine gemäßigte – das Wort »islamophob« wurde zumindest in unserem Zusammenhang nicht mehr verwendet –, dennoch wurde mir in diesem *Islamophobia Report* vorgeworfen, muslimische Stimmen systematisch aus der Öffentlichkeit zu verbannen.

Aus Islamkritikern wurden Islamhasser gemacht. Das ist eine typische Reaktion von Akteuren des politischen Islam auf jegliche Kritik. Auch wenn diese noch so berechtigt und differenziert ist: Es wird daraus immer eine Phobie gemacht. Auseinandersetzung beendet, im Keim erstickt.

Was hatten wir getan, dass man uns Islamophobie vorwarf? Wir hatten öffentlich Kritik an religiösem Fundamentalismus, am politischen Islam und der dahinterstehenden Ideologie geäußert. Wir hatten über die Versuche von Islamisten gesprochen, demokratische Gesellschaften zu unterwandern. Wir hatten versucht, europäischen Muslimen eine liberale Perspektive anzubieten. War unsere Kritik angebracht und berechtigt? Ich meine: unbedingt. Ist der politische Islam ein Thema, das emotional aufgeladen ist, deshalb oft nicht sachlich betrachtet und dadurch zu einem Tabuthema wird? Leider ja. Sollten wir als Gesellschaft trotzdem offen darüber sprechen? Es führt kein Weg daran vorbei! Um all das geht es in diesem Buch.

Wovon sprechen wir hier eigentlich?

Zunächst ein paar Begriffsklärungen. Obwohl die Begriffe »Islamismus« und »politischer Islam« gleichgesetzt werden können, darf nicht der Fehler gemacht werden, dies mit den Begriffen »Islamismus« und »Islam« auch zu tun: Islamisten sind nicht gleich Muslime.

Muslime sind eine sehr heterogene Gruppe. Es gibt Sunniten, Schiiten, Aleviten, Ahmadis und viele weitere kleinere Gruppierungen. Es gibt unterschiedliche Ethnien, Kulturen, Herkunftsländer und Konfessionen. Es gibt liberale und konservative Muslime. Muslime, bei denen Religion eine große Rolle im Leben spielt wie etwa bei den Sufis, aber auch sogenannte Kulturmuslime, die den Islam nicht praktizieren, sich aber einer islamischen Kultur zugehörig fühlen.

Selbst der politische Islam ist kein einheitliches Phänomen. und die unterschiedlichen Strömungen sind nicht immer klar voneinander abgrenzbar. Zudem fehlt es an einer wissenschaftlichen Definition. Der Verfassungsschutz spricht beispielsweise von »legalistischem Islamismus«, wenn er den politischen Islam meint. Ich selbst fasse unter dem Begriff »politischer Islam« Ideologien zusammen, die Religion nicht nur spirituell verstehen und praktizieren, sondern ihr eine politische Dimension hinzufügen, indem sie einen Systemwechsel anstreben. Diese Ideologien sehen im Islam eine universale, gottgewollte Ordnung, die jeden, wirklich jeden Bereich des Lebens umfasst. Der Islam, so ihre Überzeugung, ist also nicht nur eine persönliche, privat religiöse Angelegenheit, sondern auch eine juristische und politische. Individualität, Pluralismus, Gleichberechtigung, Meinungsfreiheit, Säkularität, Volkssouveränität und viele andere Fortschritte, die demokratische Gesellschaften ausmachen, werden abgelehnt. Nur religiöse Gebote und heilige Texte entsprechen dem Willen Allahs, haben einen Absolutheitsanspruch gegenüber anderen gesellschaftlichen Modellen und stehen somit über jeder weltlichen, von Menschen gemachten Ordnung. Das Ziel ist eine Staats- und Gesellschaftsordnung, in der nach den Bestimmungen der religiösen Gesetze des Islam, der Scharia, regiert wird.

Die Fragen, bei denen sich islamistische Gruppierungen unterscheiden, sind: Wie wollen wir unsere Ziele erreichen? Und: Wie groß ist unsere Bereitschaft, bei bestimmten, nicht grundsätzlich religiösen und politischen Fragen, Reformgedanken zuzulassen?

Zu den wesentlichen Hauptrichtungen des politischen Islam, und auch hier gibt es keine einheitlichen, klar abgren-

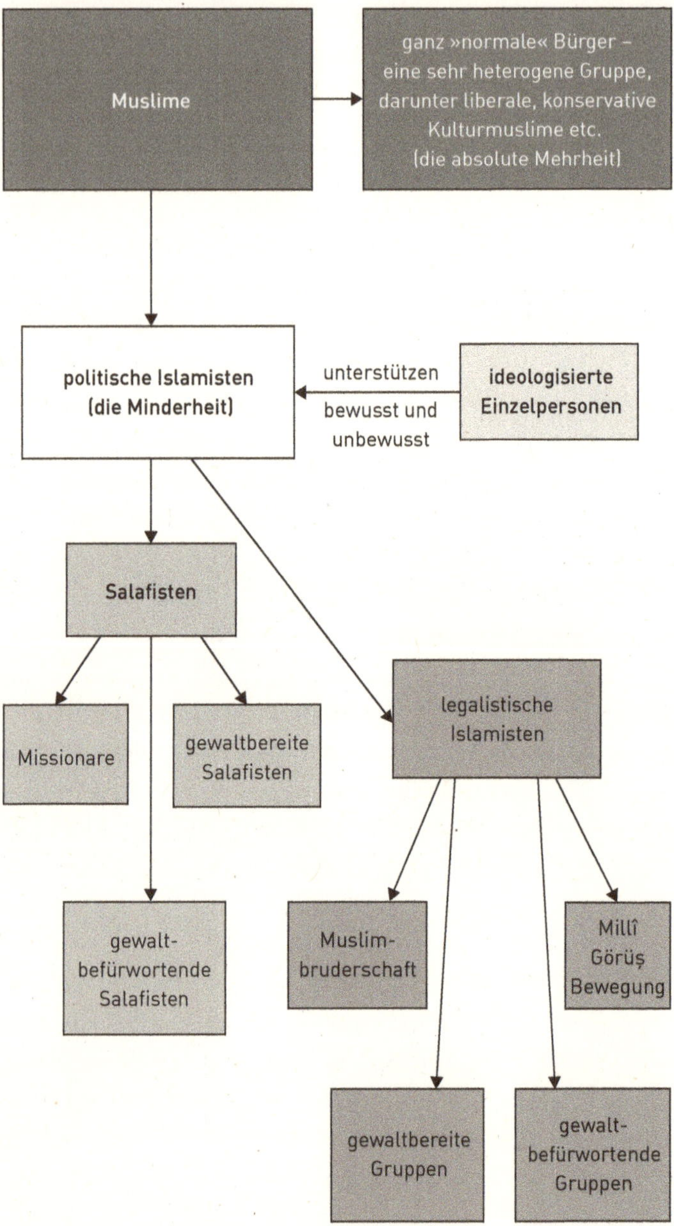
Muslime
ganz »normale« Bürger – eine sehr heterogene Gruppe, darunter liberale, konservative Kulturmuslime etc. (die absolute Mehrheit)
politische Islamisten (die Minderheit)
unterstützen
bewusst und unbewusst
ideologisierte Einzelpersonen
Salafisten
Missionare
gewaltbereite Salafisten
gewalt-befürwortende Salafisten
legalistische Islamisten
Muslim-bruderschaft
Millî Görüş Bewegung
gewaltbereite Gruppen
gewalt-befürwortende Gruppen

zenden Definitionen, gehören Salafisten und legalistische Islamisten. Salafisten sind klar in ihrer Kommunikation und lehnen die Demokratie und jegliche Anpassung, Reform oder Modernisierung des Islam ab. Sie sind unflexibel in ihren Einstellungen und durch ihr Erscheinungsbild leicht erkennbar. Sie haben keinen langen Atem bei der Verfolgung ihres Ziels und wollen am liebsten sofort einen Gottesstaat errichten. Dies wollen sie erreichen, indem sie teilweise massiv und sichtbar missionieren oder Gewalt anwenden. Die gewalttätigen Salafisten werden Dschihadisten genannt. Zudem gibt es aber auch Salafisten, die zwar selbst keine Gewalt anwenden, diese aber legitimieren.

Salafisten in ihrer Gesamtheit als Islamisten zu identifizieren ist vergleichsweise leicht. Trotzdem darf nicht vergessen werden, dass sie nur einen Teil des islamistischen Spektrums ausmachen. Der überwiegende Teil, die legalistischen Islamisten, gehen einen anderen Weg: Sie versuchen, wie der Name schon sagt, mit legalen Mitteln Einfluss auf Politik und Gesellschaft zu nehmen, immer mit dem Ziel, demokratische Grundprinzipien zu verändern und mehr von ihren Werten in der Gesellschaft zu etablieren. In der Regel lehnen sie Gewalt als Mittel ab, sind in manchen religiösen Fragen flexibel und schließen Fortschritt, Wissenschaft und sogar Teile der Demokratie in ihre Zukunftsgedanken mit ein. Unter sie fallen beispielsweise Organisationen wie Millî Görüş und Zweige der Muslimbruderschaft, aber auch kleinere Organisationen und Einzelpersonen. Sie alle haben im Gegensatz zu den Salafisten eine unfassbare Ausdauer und denken langfristig. Der legalistische Islam verfolgt globale Ziele, ist sich aber auch für kleine Schritte nicht zu schade. So arbeitet er auch punktuell und lokal, um vor Ort mehr Einfluss nehmen zu können. Seinen Akteuren ist klar, dass sie selbst wahrscheinlich keinen Gottesstaat mehr erleben werden – zumindest nicht in Europa und anderen westlichen Staaten, denn sie sind in diesen Ländern nicht in der Mehrheit und werden es auch in zehn Jahren nicht sein. Doch sie nutzen die Strukturen der Demokratie, um sich zu verbreiten – in der Polizei, in der Politik, in der Wissenschaft, in den Medien, in der Integrations- und Sozialarbeit.

Wir müssen also die Annahme revidieren, Islamisten seien ausschließlich Dschihadisten, sprich: gewaltbereite Männer mit langem Bart.

Unter legalistischen Islamisten wird man niemanden finden, der offen sagt: »Wir wollen den Staat unterwandern.« Man wird auch keine klaren Strukturen finden können, denn wer meint, hinter dem legalistischen Islam stehe eine klar identifizierbare lenkende Hand, liegt falsch. Was man weiß: Die wichtigste, älteste und professionellste Bewegung des legalistischen Islam in Europa ist die Muslimbruderschaft. Doch auch sie ist in ihrer Gesamtheit keine zusammengehörige Organisation, die sich nach außen als Netzwerk präsentiert, auch wenn es der Name vermuten lässt. Es gibt zwar Teile, die organisiert sind, doch die Mehrheit ist es nicht. Dazu kommt, dass die meisten Akteure in der Öffentlichkeit auf Distanz zu den Muslimbrüdern gehen oder Fragen nach einer Zugehörigkeit ausweichend beantworten. Die Muslimbruderschaft ist also viel mehr eine Ideologie als eine Organisation. Warum? Weil Strukturen und Vernetzungen irgendwann eine Belastung für ihre Arbeit wurden. Man verzichtet auf nachverfolgbare Netzwerke, weil das Ziel klar ist und die ideologische Verbundenheit zählt. Ob jemand dazugehört, merkt man also nicht durch ein Schild an der Bürotür, auf dem Muslimbruder steht, oder durch Mitgliedsausweise, sondern nur durch Gesinnungen, Handlungen oder andere Hinweise auf eine Verbindung, die ich im Folgenden näher beschreiben möchte. Wichtig hierbei: Diese Hinweise sind nicht als Feststellung einer Zugehörigkeit zu verstehen, sondern als Alarmsignal, genauer hinzuschauen.

1. Die R4bia-Geste (auch Rabia-Gruß): Das Zeigen von einer Hand mit vier ausgestreckten Fingern und dem Daumen nach innen angewinkelt ist ein Zeichen, das bei Protesten der ägyptischen Muslimbrüder entstand, die nach dem Arabischen Frühling an die Macht gekommen waren, doch 2013 durch das Militär wieder gestürzt wurden. Der Name bezieht sich auf den Rabia-al-Adawiya-Platz in Kairo, auf dem diese Proteste in Form von Sitzblockaden stattfanden. Diese wurden mit Waffengewalt niedergeschlagen und kosteten laut Muslimbrüdern mehr als 1000 Menschen das Leben. Das Zeichen wurde danach schnell zum Symbol der Muslimbrüder weltweit.
2. Unkritische Haltung dem türkischen Präsidenten Erdoğan gegenüber oder sogar eine klare Unterstützung.
3. Unkritische Haltung gegenüber den Muslimbrüdern oder Organisationen in der muslimischen Welt, die ihrer Ideologie folgen, bis hin zur Sympathie für sie.
4. Feindseligkeit gegenüber Islamkritikern.

Für die Umsetzung ihrer Agenda arbeiten legalistische Islamisten auf verschiedenen gesellschaftlichen Ebenen. Sie dringen in die Systeme ein, erzeugen Empathie und versuchen, Einfluss auf das politische und gesellschaftliche Geschehen zu nehmen. Sie widmen sich dem Kampf gegen Rassismus und Diskriminierung, bieten sich der Politik als Vermittler zwischen den Kulturen an und versuchen, durch den Appell an die Toleranz mehr Freiräume zu bekommen. Sie setzen auf die Islamisierung von Kindern und Migranten, die Anschluss suchen. Sie setzen auf den Fortbestand von Parallelgesellschaften und das Misslingen von Integration. Sie setzen auf die Schwächung der Grundrechte, die im Widerspruch zu ihren eigenen Werten stehen. Sie gründen beispielsweise Vereine, in deren Namen die Worte Integration, Dialog oder Humanismus vorkommen. Das klingt gut, verbindend, harmlos. Welche Art von Humanismus dort allerdings gelehrt wird und wo ihre Grenzen beim Dialog und bei der Integration liegen, wird von der Mehrheitsgesellschaft selten hinterfragt.

Sie wollen Kritiker ausschalten und Diskurse manipulieren. Und so passiert es leicht, dass diese Prozesse nicht nur von Islamisten gesteuert und angefeuert werden, sondern auch – freiwillig und unfreiwillig, wissend und unwissend – von Politikern, Journalisten, Wissenschaftlern, Lehrern oder Aktivisten.

So wie im Fall einer 34-jährigen Afghanin, die im Juli 2021 in Berlin getötet wurde. Gegen zwei ihrer Brüder wurde Anklage wegen Mordes aus niederen Beweggründen erhoben. In einer Mitteilung von Staatsanwaltschaft und Landeskriminalamt Berlin hieß es: »Beide Männer sollen die Frau aus gekränktem Ehrgefühl gemeinschaftlich getötet (…) haben.« Und weiter: »Dem Haftbefehl zufolge sollen die beiden Tatverdächtigen sich gekränkt gefühlt haben, weil das Leben ihrer geschiedenen Schwester nicht ihren Moralvorstellungen entsprochen hatte.«[2] Der Anklageschrift zufolge wollten sie »ihre Schwester durch die Tat für ihren westlich orientierten Lebenswandel bestrafen, der nicht ihren archaischen Ehr- und Moralvorstellungen und ihrem Frauenbild entsprach. Insbesondere wollten sie nicht hinnehmen, dass ihre Schwester sich nach Gewaltvorfällen von ihrem Ehemann, mit dem sie im Alter von 16 Jahren verheiratet worden war, hatte scheiden lassen und einem anderen Mann zugewandt hatte.«[3]

Es gibt einen Begriff für diese Tat: Ehrenmord. Nicht der erste und leider auch nicht der letzte in Deutschland. Und jeder einzelne dieser Morde sollte uns als Gesellschaft veranlassen, auf Ursachenforschung zu gehen. Und zwar ohne Tabus. Wir sollten uns zum Beispiel fragen, warum solche Morde im Namen der Ehre passieren können. Wie kann es sein, dass Emanzipation und das Streben nach persönlicher Freiheit für manche muslimischen Frauen in Deutschland lebensgefährlich sein können? Warum sind es fast immer ihre eigenen Familien, die die Todesurteile fällen? Welche Präventionsmaßnahmen könnte man ergreifen?

Doch keine dieser Fragen spielte im Nachhinein eine Rolle. Es wurde über Begrifflichkeiten diskutiert. Sollte man es wirklich Ehrenmord nennen oder doch besser Femizid? Oder einfach nur Mord?

Stopp! Einspruch! Welcher Frau hilft eine solche Diskussion?

Wer in diesem Fall aufklären und sensibilisieren wollte, wer aufzeigen wollte, welche Rolle ein ideologischer, traditionell patriarchalischer Hintergrund der beteiligten Familien bei solchen Taten spielen kann, wurde angegriffen und stieß auf massive Widerstände. Ein seltsames Phänomen, wird in diesem Land doch sonst so gern und intensiv über Gleichberechtigung oder über das Gendern gesprochen, um die (sexuelle) Selbstbestimmung zu stärken und verschiedene Identitäten sichtbarer zu machen. Doch ausgerechnet bei der Selbstbestimmung von Musliminnen hört diese Sichtbarmachung auf. Mehr noch: Schon bei der Andeutung eines Zusammenhangs zwischen Ehrenmorden und kulturellem Hintergrund läuft man Gefahr, als Rassist oder Islamhasser abgestempelt zu werden. Und das, obwohl das Thema Ehrenmorde inzwischen selbst unter Flüchtlingen und in vielen muslimischen Ländern kritisch diskutiert wird.

Bemerkenswert in diesem Zusammenhang ist, dass selbst Islamisten Ehrenmorde ablehnen. Für sie sind diese Taten ein

Produkt vorislamischer Traditionen. Doch ein genauer Blick auf ihre Ideologie zeigt, dass sie Ehrenmorde zwar ablehnen, gleichzeitig aber den Grundstein für solche Taten legen, indem sie freiheitliche Lebensmodelle und die Selbstbestimmung von Frauen unterdrücken, Sexualität tabuisieren und Eltern Angst machen, ihre Kinder – vor allem ihre Töchter – könnten verwestlichen, wenn sie sie nicht kontrollierten. Sie rufen Männer dazu auf, auf ihre weiblichen Familienmitglieder aufzupassen. und werben für das Kopftuch als Gegenmodell zur zügellosen Gesellschaft. All das schafft die Basis für die Unterdrückung von Frauen und leider im Extremfall auch für deren Ermordung, auch wenn nicht explizit dazu aufgerufen wird.

Tatsache ist: Hier, in diesem Land, in dem die Würde des Menschen laut Grundgesetz unantastbar ist, werden täglich Tausende von Frauen drangsaliert, geschlagen, eingeschüchtert und ihrer Freiheit beraubt. Und eine relevante Anzahl dieser Frauen lebt in traditionell geprägten, migrantischen Milieus. Der Versuch, solche Taten unter Femizid zu verbuchen, ist nichts anderes als der Versuch der Verallgemeinerung und blendet genau solche religiösen und traditionellen Hintergründe aus.

Indem wir uns dem Thema verweigern, es verharmlosen und kulturrelativistisch argumentieren, machen wir uns alle mitschuldig. Die Konsequenzen aus dieser Relativierung sind jedenfalls fatal. Sie kosten Leben.

Fest steht: Der politische Islam ist ein Angriff auf die DNA unserer Gesellschaft. Dessen muss man sich bewusst sein. Es ist der Versuch, die Gesellschaft langsam auszuhöhlen – zugunsten eines konservativen Islam und zuungunsten der demokratischen Ordnung. So agiert der politische Islam eigentlich immer: Wann immer er an die Macht kommt, versucht er, demokratische Ordnungen zu zerstören oder sogar ganz abzuschaffen. Iran, Gaza, Ägypten, Türkei sind einige Beispiele, wo das passiert ist: Als die Islamisten zum Beispiel im Iran Ende der 1970er Jahre an die Macht kamen, fingen sie an, nicht nur ihre Gegner systematisch zu unterdrücken und zu vernichten, sondern auch jene aus dem linken Spektrum, die ihnen bei der Machtergreifung geholfen hatten. In den palästinensischen Autonomiegebieten gewann die Hamas 2006 die Parlamentswahlen und putschte danach gegen ihre Konkurrenzpartei Fatah, um in Gaza an die Macht zu kommen. Seitdem gab es dort keine Wahlen mehr. Auf dem Weg zur Macht töteten sie Hunderte von Gegnern aus dem eigenen Volk. In Ägypten veränderten die Muslimbrüder 2011 die Grundrechte, um die Macht zu ihren Gunsten zu zementieren. Genauso taten es auch Recep Tayyip Erdoğan und seine Partei in der Türkei.

Dies ist mit »Unterwanderung« gemeint und nicht etwa der legitime Wille zur politischen Teilhabe und Einflussnahme, der von jeder Bürgerin und jedem Bürger einer Demokratie erwünscht ist, egal welcher Religion sie oder er angehört.

Umso wichtiger ist es zu begreifen, dass die Wirkung dieser Gruppe von Islamisten umso stärker wird, je weniger sich die Gesellschaft mit ihr kritisch auseinandersetzt und ihre Ziele erkennt. Der politische Islam will nicht, dass die Menschen hier in Koexistenz leben, miteinander verschmelzen und die demokratischen Grundprinzipien als Fundament des friedlichen Zusammenlebens begreifen. Denn das würde bedeuten, dass es Menschen gäbe, die mit der Zeit weniger religiös würden. Es gäbe zum Beispiel Menschen, die ihren Kindern eine Liebesbeziehung vor der Ehe erlaubten. Es gäbe Frauen, die kein Kopftuch bräuchten, um ihre Verbundenheit mit der Religion unter Beweis zu stellen. Es gäbe Menschen, die eine Ehe mit einem Christen oder Atheisten eingingen. Es gäbe neue Islamverständnisse, die Menschen ermöglichten, Islam und Demokratie zu vereinen. Es gäbe vielleicht eine bessere und sachlichere Betrachtung von Israel oder eine kritischere Betrachtung von islamistischen Regimes wie der Türkei, Katar, Saudi-Arabien oder der Hamas.

Doch das ist genau das, was der Islamismus nicht möchte. Das ist übrigens auch genau das, was der Rechtsextremismus nicht möchte. Identitätsverlustängste sind in beiden Ideologien sehr zentral, denn sie möchten ihre Gruppe rein halten. Die einen, die Rechtsextremen, gehen davon aus, dass Muslime per se gefährlich sind und alle abgeschoben werden müssen. Die anderen, die Islamisten, gehen davon aus, dass Vielfalt sie schwächt, denn in dem Moment, in dem die Menschen konservativ religiös bleiben, ist ihre Macht über sie größer.

In der Auseinandersetzung müssen wir deshalb dringend davon wegkommen, den politischen Islam als Sinnbild des Islam zu betrachten. Er ist es nicht. Er ist das Gegenteil: Er versucht, die vorhandene Vielfalt an Strömungen im Islam – von denen es natürlich auch progressive und liberale gibt – auszuschalten und die Deutungshoheit an sich zu reißen.

Es gibt immer wieder Menschen, die erstaunt, ja fast erschrocken sind, wenn man ihnen erzählt, wie emanzipiert der Iran, Afghanistan oder Palästina vor 50 Jahren waren. Unverheiratete Paare lebten zusammen. Es gab Clubs und Bars, in denen getanzt und Alkohol ausgeschenkt wurde. Frauen liefen in Miniröcken herum, Kopftücher: Fehlanzeige. Die Menschen lebten frei und in Frieden mit anderen Religionen.

Und dann kamen die Islamisten.

Wir sprechen hier also nicht von *den* Muslimen. Wir sprechen auch nicht von *den* Flüchtlingen, die oft genug unter Pauschalverdacht stehen, Islamisten zu sein. Die meisten von ihnen sind nach Europa gekommen, um ein besseres Leben zu haben, um selbstbestimmt zu leben, um ihren Kindern Bildung, Gesundheit und Sicherheit zu ermöglichen. Sie sind unter anderem vor genau den Strukturen geflohen, die sich Islamisten herbeisehnen. Wir sprechen hier also von einer vergleichsweise kleinen Gruppe von Menschen, die immer im Sinne ihrer Agenda handelt, ihr soziales und politisches Umfeld genau kennt und finanziell oft sehr gut aufgestellt ist.

Ich weiß, wie schwer es ist, politische Islamisten zu erkennen, eben weil es vorwiegend um die Ideologie geht und keine Struktur oder definierbare Gruppe dahintersteht. Wie also soll man diese Menschen überhaupt identifizieren? Etwa alle Muslime unter Generalverdacht stellen? Nein! Die Notwendigkeit der genauen Beobachtung macht den Kampf gegen sie so schwer – und die Ausbreitung populistischer Meinungen so einfach.

Deshalb ist es wichtig, Menschen nicht pauschal zu verurteilen, denn ich möchte in einem Land leben, in dem jeder Mensch seine Religion ausüben darf. In dem Frauen, die ein Kopftuch tragen, die Möglichkeit bekommen, Teil dieser Gesellschaft zu sein. In dem Asylsuchenden ohne Vorverurteilung die Möglichkeit gegeben wird, Schutz zu finden. In dem der Wille zur politischen Teilhabe gefördert wird. In einem pluralistischen Staat ist dies wichtig und erwünscht. Das Entscheidende muss die Einstellung eines einzelnen Menschen zum Grundgesetz und zur Demokratie sein, nicht die Herkunft, nicht die Religion. Die meisten Muslime haben mit dem politischen Islam nichts zu tun. Genau deshalb ist es so wichtig, das Problem zu erkennen, es klar und differenziert zu benennen und als Gesamtgesellschaft dagegenzusteuern.

Wie alles begann

1984 erschien ein Buch auf Arabisch, dessen Titel etwa so übersetzt werden kann: *Die Zukunft des Islam außerhalb seiner Grenzen – wie sollten wir darüber denken?* Geschrieben hatte es Muhammed al-Ghazzali, ein ägyptischer Theologe, der neben Hassan al-Banna, Sayyid Qutb und Yusuf al-Qaradawi zu den einflussreichsten Ideologen der Muslimbruderschaft gehört. Er wurde zwar oft als gemäßigt dargestellt, vertrat aber trotzdem extremistische Ansichten. So war er beispielsweise der Meinung, die Bestrafung derjenigen, die sich der Scharia widersetzten, solle idealerweise durch den Staat erfolgen, doch wenn der Staat dies nicht schaffe, müsse es jemand anderes tun.

Einige Jahre bevor das Buch erschien, hatte al-Ghazzali Ägypten verlassen, weil die Muslimbrüder dort immer wieder verfolgt worden waren, und war nach Saudi-Arabien gezogen, das damals mit der Muslimbruderschaft sympathisierte und in der Bewegung eine Möglichkeit sah, das religiöse Verständnis Saudi-Arabiens auf der ganzen Welt zu verbreiten. Für Letzteres wurde al-Ghazzali nach Kanada, Frankreich, England und in die USA geschickt. Sein Auftrag: Er sollte die muslimischen Bevölkerungsgruppen in diesen Ländern analysieren und nach Mitteln und Wegen suchen, sie ideologisch an Saudi-Arabien zu binden. Die Beobachtungen auf seinen Reisen waren schließlich die Grundlage für das Buch.

Als al-Ghazzali im Westen auf die zweite Generation von muslimischen Migranten traf, sah er, dass viele kaum oder gar nicht mehr religiös waren und selbst ihre Muttersprache nicht mehr sprachen. Sie hatten angefangen, mit ihrer neuen Gesellschaft zu verschmelzen. Für al-Ghazzali war diese Erkenntnis schwer zu ertragen. Er musste handeln, die Muslime retten, denn für ihn war es die Aufgabe eines jeden gläubigen Muslims, diejenigen, die sich von der Religion entfernten, zu ermahnen und zur Rückkehr zu bewegen, damit sie weiterhin die Chance hatten, ins Paradies zu kommen.

In seinem Buch schrieb er deshalb, die muslimischen Länder müssten alles dafür tun, um die muslimische Identität der Menschen in der Diaspora zu bewahren und zu schützen. Er schlug vor, Moscheen zu bauen und Heiratsbörsen, Supermärkte, Kulturvereine und Koranschulen zu etablieren. Neu waren diese Ideen nicht. Doch sie waren bislang nicht mit besonderem Eifer verfolgt worden, weil man bis dahin davon ausgegangen war, dass Muslime, die in den Westen gegangen waren, irgendwann in ihre Heimatländer zurückkehren würden. Doch al-Ghazzali merkte, dass dies für viele Menschen im Westen nicht mehr der Plan war.

Die Muslime in Europa reagierten sehr unterschiedlich auf solche Vorschläge und ihre Umsetzung. Manche waren schon so assimiliert, dass sie mit islamischen Institutionen nichts mehr zu tun haben wollten, andere sahen darin eine Chance, ein Stück Heimat in der Fremde zu erleben. Etwa »halal« essen oder Waren aus den Heimatländern kaufen zu können. Oder durch Kulturvereine, Männercafés und Moscheen den Anschluss an die Heimatländer nicht zu verlieren. Man darf auch Folgendes nicht vergessen: Europa hatte in den 1960er und 1970er Jahren keine Erfahrung mit muslimischer Migration. Die Menschen waren da, um zu arbeiten, mehr nicht. Integrationsangebote waren kaum vorhanden, Rassismus weitverbreitet. Sich fremd zu fühlen war die beste Voraussetzung, um Angebote für Muslime, wie al-Ghazzali sie vorschlug, attraktiv zu finden und sie zu nutzen.

Auf seinen Reisen stellte al-Ghazzali noch etwas anderes – für ihn Revolutionäres, ja fast Unvorstellbares – fest: In Frankreich traf er auf Christen, die zum Islam konvertiert waren. Dazu muss man wissen, dass al-Ghazzali, wie die meisten Anhänger der Muslimbruderschaft, der festen Überzeugung war, Christen befänden sich im ewigen Krieg mit dem Islam. In seinem Buch schrieb er ausführlich über die Kreuzzüge, die für ihn als Symbol des Kampfes zwischen dem Islam und dem Christentum dienten. Er lieferte eigene Erklärungen dafür, wie die Kreuzzüge dazu geführt hatten, dass das Christentum mit den Jahrhunderten so stark und der Islam so schwach geworden war:

1. Mohammed und der Koran waren die Grundlagen der Demokratie, der Wissenschaft und der persönlichen Freiheit (allerdings anders, als wir sie heutzutage interpretieren). So sah es al-Ghazzali als erwiesen an, dass die Christen diese Grundlagen erst in den muslimischen Ländern kennengelernt, sie mitgenommen und in den westlichen Gesellschaften etabliert hatten, während die muslimischen Länder sie langsam vernachlässigt hatten.
2. Nach al-Ghazzalis Auffassung war der Islam auch das Vorbild für die Reformbewegung im Christentum gewesen. Denn die Christen hatten in den muslimischen Ländern das vielfältige Islamverständnis und verschiedene theologische Rechtsschulen kennengelernt, die sehr unterschiedlich mit religiösen Fragen umgegangen waren. So etwas war im Christentum zu dieser Zeit undenkbar gewesen. Für al-Ghazzali war das Vorbild des Protestantismus der Islam gewesen.

3. Dadurch, dass die Handelswege Richtung Indien nach den Kreuzzügen durch feindliche Gebiete gingen, hatten die Christen alternative Wege suchen müssen: Erst diese Suche ermöglichte die Entdeckung Amerikas und somit die dortige starke Ausbreitung des Christentums.
4. Der Westen, für Muslimbrüder das Sinnbild der christlichen Einheit, hatte begriffen, dass er, um den Islam zu besiegen, eine andere als eine militärische Strategie verfolgen musste. Denn, so die Überzeugung der Islamisten, solange ein Muslim rein ist, wird er alle Kriege gewinnen. Ist sein Glaube schwach, verliert er sie. Al-Ghazzali war überzeugt davon, dass der Westen im Grunde genommen Angst vor der Stärke des Islam hatte und ihn deshalb durch die Hintertür bekämpfen wollte, indem er Muslime durch Kultur, Medien, Literatur, Musik, Filme, Nachrichten, Kapitalismus, Sex, freie Liebe und Philosophie in ihrem Glauben schwächte.

Von all den genannten Punkten war al-Ghazzali – wie bis heute die meisten Anhänger des politischen Islam – fest überzeugt. So hatte er keine Zweifel daran, dass nur eine Rückkehr aller Muslime zum Ursprung des Islam den Islam wieder stärken und überlegen machen könne. Denn die Muslime hatten in seinen Augen alles vernachlässigt und suchten ihren Ruhm und ihre Zufriedenheit inzwischen in den falschen Weltanschauungen.

Nun aber sah er in Frankreich, dass sogar Christen von ganz allein zum Islam konvertierten. In seinem Buch schrieb er, man könne die dortigen Gesellschaften zum Positiven verändern, wenn es gelänge, die Muslime in Europa zu besseren Muslimen zu machen, und wenn diese Menschen dann begännen zu missionieren. Man könne so Menschen weltweit für die Umma, die islamische Gemeinschaft, gewinnen. Damit begann ein Paradigmenwechsel, indem das Leben der Muslime im Westen als große Chance gesehen wurde – doch nicht nur, um die verlorene Identität der Muslime wiederzufinden, nein, es ging um viel mehr. Es ging darum, die Stärke des Westens erstmals für die Angelegenheiten des Islam zu nutzen, um ihn im Sinne des Islamismus zu unterwandern.

Der politische Islam hatte in Europa Fuß gefasst.

Ursprünge des politischen Islam

Um das komplexe Gefüge des politischen Islam zu verstehen, muss man seine Entstehung kennen, die lange vor Muhammed al-Ghazzalis Reisen in den Westen begann. Es gibt zwar keinen eindeutigen Ursprung, fest steht aber: Er ist als moderne politische Bewegung sehr jung im Vergleich zur Religion, auf die er sich beruft. Und obwohl der Islam immer – mal mehr, mal weniger – politisch war, darf man ihn nicht gleichsetzen mit dem heutigen politischen Islam.

Der Islam entstand im 7. Jahrhundert nach Christus. Damals waren Religion und Politik eins, da Mohammed nicht nur Prophet, sondern auch Staatsoberhaupt war. Der Islam regelte religiöse Rituale ebenso wie den politischen Alltag, die Persönlichkeitsrechte, die Familienrechte, den Umgang mit Minderheiten, mit Frauen, mit der Familie. Er regelte Krieg und Frieden und umfasste jeden Bereich des Lebens – gesellschaftlich, politisch und persönlich. So herrschte Mohammed, so herrschten auch seine Nachfolger.

Mit der Zeit entwickelten sich verschiedene Glaubensrichtungen und Strömungen im Islam. Manche Herrscher, die Kalifen, hielten sich sehr streng an die Vorgaben Mohammeds, andere hingegen stellten sich nur nach außen als religiöse Instanz dar. Auch im Osmanischen Reich, zu dem Teile Europas, Asiens und Nordafrikas gehörten, entfernten sich die Herrscher immer mehr von den Fundamenten des Islam, gaben Wissenschaftlern, Künstlern, Minderheiten und Kulturschaffenden viel Freiheit, sich zu entfalten, und bauten Systeme auf, deren Politik vom Weltlichen geprägt war und die nur religiöse Rituale einbezogen, um ihr Erscheinungsbild, ihre Autorität und ihre Macht aufrechtzuerhalten.

Mit der Entwicklung der modernen Weltordnung im 19. und 20. Jahrhundert, dem Kolonialismus und dem Ende des Osmanischen Reichs nach dem Ersten Weltkrieg hatte auch das Kalifat ausgedient und damit das letzte Symbol einer muslimisch-religiösen Herrschaft. Ziel der Europäer im Ersten Weltkrieg war es gewesen, Einfluss auf die Region zu haben, da der Nahe Osten als Energiequelle enorm wichtig war.

Die Siegermächte Frankreich und Großbritannien teilten das Osmanische Reich unter sich auf und schufen die ersten Nationalstaaten im Nahen Osten. Westliche Staaten beherrschten so weite Teile der islamischen Welt, brachten neue Standards mit – etwa die nationale statt der religiösen Identität –, warfen soziale und kulturelle Normen der islamischen Länder über den Haufen, etablierten juristische Traditionen mit klar umrissenen Regeln, die das muslimische Scharia-Denken und die Gesetze des Korans verdrängten, und waren nicht nur wirtschaftlich und militärisch, sondern inzwischen auch in der Wissenschaft überlegen. Auch die muslimische Bildungs- und Oberschicht sah ihre Zukunft in der westlichen Lebensweise, da sie in der Aufklärung, den demokratischen Prinzipien, der Gleichberechtigung, der freien Wissenschaft und der Trennung von Staat und Religion die Voraussetzungen für erfolgreiche Gesellschaften erkannt hatte. Von anderen, vor allem religiösen

Menschen wurde diese Entwicklung hingegen als Demütigung und Erniedrigung empfunden: Wie hatte es dazu kommen können, dass die Weltmacht des Islam fast vernichtet worden war?

Dies führte zu einer Sinnkrise, aus der sich eine Bewegung entwickelte, die fundamental für den heutigen politischen Islam ist: die Muslimbruderschaft. Sie wurde im Jahr 1928 durch den Imam und Grundschullehrer Hassan al-Banna gegründet, der einen streng orthodoxen, sunnitischen Islam predigte. Die Muslimbruderschaft entstand somit als Gegenmodell zum Gefühl der Kränkung, der Unterlegenheit und der abhandengekommenen Sicherheit. Sie war der Versuch, den Kern der eigenen Identität wiederzuentdecken, die Muslime aus ihrer angeblichen Rückständigkeit zu befreien und eine Antwort für die Zukunft zu finden. Diese lautete: »Der Islam ist die Lösung« und meinte: zurück zum religiösen Ursprung, zum konservativen Islamverständnis und zu einer klaren und eindeutigen islamischen Identität. Gleichzeitig sollte der westliche Einfluss eliminiert werden, was allerdings auch widersprüchlich war, denn al-Banna schuf mit seiner Ideologie eine westlich inspirierte Religionsauffassung, indem er sich die Strategien der christlichen Missionierung abschaute und sich von westlichen Antimodernisten beeinflussen ließ. Doch die zentrale Idee blieb klar und reaktionär: Nur mit der genauen Einhaltung der Vorschriften des Korans in allen Lebensbereichen – politisch, gesellschaftlich, privat – war die Rückkehr zur gottgewollten Überlegenheit möglich.

Um die breiten Massen zu erreichen, schufen al-Banna und die Muslimbrüder eine einfache Interpretation des so schwierig und gleichzeitig vielfältig zu verstehenden Korans, entgegen der Tradition. Um dieses Islamverständnis zu verbreiten, brachten sie ihn beispielsweise auch in Dörfer, wo sie theologische Antworten auf Fragen fanden, die die einfachen Menschen vor Ort wirklich beschäftigten. Einem Großteil der Bevölkerung verhalfen die Muslimbrüder so zum ersten Mal zu einem eigenen Zugang zum Koran, denn zuvor waren theologische Diskurse in der arabischen Welt einer Elite von Gelehrten vorbehalten gewesen, die sich mit Fragen weit weg von den Lebensrealitäten der Menschen beschäftigt hatte. Philosophische Traditionen, wie es sie bis dahin in vielen Phasen des Islam gegeben hatte, lehnten die Muslimbrüder strikt ab. Die Frage war nicht mehr: Welche Art von Muslim bist du? Die Frage lautete: Bist du Muslim nach unseren Maßstäben? Wer das nicht war, war in ihren Augen automatisch ein Ungläubiger.

Ein Jahrzehnt nach ihrer Gründung hatte die Muslimbruderschaft eine halbe Million Mitglieder und Ableger im Sudan, in Saudi-Arabien, Palästina, Syrien, im Libanon, in Marokko, Bahrain und Pakistan. Doch sie stieß in vielen Ländern auch auf Widerstand – vor allem in ihrem Gründungsland Ägypten. Dort wurde sie Ende 1948 wegen Terrorverdachts das erste Mal verboten und Hassan al-Banna kurze Zeit später von Unbekannten ermordet. Es gab viele Gerichtsverfahren gegen Mitglieder, rund 4000 von ihnen wurden verhaftet. Doch die bis zu diesem Zeitpunkt ausgebildete Ideologie blieb als fester Bestandteil der Bewegung bestehen.

Parallel zur Ausbreitung der Muslimbruderschaft gab es weitere Entwicklungen in der arabischen Welt. Nach dem Zweiten Weltkrieg mussten sich die westlichen Staaten aus der Region zurückziehen. Doch sie hatten nicht nur gesellschaftlich Spuren hinterlassen, auch die während der Kolonialzeit künstlich geschaffenen Territorialstaaten blieben bestehen. Diese standen jetzt vor der großen Herausforderung, ihren Bevölkerungen eine neue Identität anbieten zu müssen.

Eine einigende Erzählung bot die panarabische Vision. Ägyptens Präsident Gamal Abdel Nasser trieb die Ideologie eines gesamtarabischen Nationalismus mit glühendem Eifer voran. Sein Wirken hatte eine große Besonderheit: Es war der erste Versuch in der modernen Geschichte der Region, die Identität der Bevölkerungen durch Sprache – das Arabische – zu definieren und nicht wie gewohnt durch die Religion, den Islam. Inspiriert von weltweiten sozialen und sozialistischen Bewegungen war der panarabische Nationalismus in erster Linie eine säkulare Bewegung, der Versuch einer umfassenden Reform des politischen Denkens.

Aus der Psychologie weiß man: Gemeinsame Feindbilder stärken die Verbundenheit. Die gemeinsame Abneigung konzentrierte sich auf Israel und brachte den arabischen Staaten kurzzeitig eine Phase des Aufblühens in Einigkeit. Rückblickend betrachtet: ein Fehler. Die Einigkeit von einem Feindbild und einem militärischen Sieg abhängig zu machen führte zum Sterben der panarabischen Idee, nachdem die Araber 1967 im Sechstagekrieg mit Israel eine herbe Niederlage erlitten hatten. Viele von ihnen hatten damals geglaubt, sie stünden kurz davor, Israel zu vernichten. Sie hatten fest an ihre Stärke, den Panarabismus und die Einigkeit unter der Herrschaft Ägyptens geglaubt. Doch dieser Krieg hatte nicht zum Sieg geführt, nicht einmal zu einer einfachen Niederlage – er hatte ihnen Demütigung und Erniedrigung eingebracht. Mal wieder. Nicht nur die palästinischen Gebiete – Westbank und der Gazastreifen – standen von da an unter israelischer Herrschaft, sondern auch die Sinaihalbinsel, die Golanhöhen und die Al-Aksa-Moschee in Jerusalem, ein heiliger Ort für Muslime. Von diesem Trauma haben sich viele Araber bis heute nicht erholt.

Der Sieg über Israel und die Säkularität durch den Panarabismus hätten Wohlstand, Selbstbewusstsein, Bildung, Fortschritt und Freiheit bringen sollen. Doch der Traum war geplatzt. Als Folge entstand ein politisches Vakuum, das wie ein immer stärker werdender Sog für Ideologien und religiös-fundamentalistische Bewegungen wirkte, die einen scheinbar reinen und nicht von Menschen korrumpierten Islam als Alternative präsentierten. Islamisten und Autokraten erstarkten – und so auch die Muslimbrüder.

Inzwischen hatte sich die Muslimbruderschaft trotz aller Widerstände in der gesamten arabischen Welt verbreitet, vor allem an Orten, an denen sich der jeweilige Staat um seine Bewohner nicht kümmerte und die Menschen kaum oder gar nicht unterstützte. Die Muslimbrüder waren aktiv gewesen, hatten Schulen gebaut und Wohlfahrtsprojekte initiiert. Sie hatten Sozialarbeit betrieben, Mitglieder geworben, religiöse Diskurse übernommen. Anders als andere islamistische Ideologien aber zielte die Muslimbruderschaft auf eine langfristige Machtübernahme ab. Sie war sehr geduldig. Nur dort, wo das gesellschaftliche Klima günstig schien, strebte sie nach politischer Macht, denn sie hatte ja auch Gegner – und hat sie immer noch: In Ägypten wird sie seit Jahrzehnten mal mehr, mal weniger bekämpft, aber auch in Syrien, Jordanien, Palästina und anderen arabischen Ländern ist die Muslimbruderschaft umstritten.

Zunächst konzentrierte sich die Muslimbruderschaft auf muslimische Länder. Muslime im Westen interessierten sie nicht. Das änderte sich, als immer mehr Führungskräfte der Muslimbrüder nach Europa kamen, entweder durch Flucht oder für Recherchezwecke, wie beispielsweise der eingangs erwähnte Muhammed al-Ghazzali. Viele von ihnen wollten nur bleiben, bis die Lage in ihren Heimatländern günstiger wurde für eine Rückkehr – oder gar für eine Machtübernahme. Doch als das Potenzial der Menschen in Europa für die islamistische Ideologie erkannt wurde, begannen sie, das muslimische Leben im Westen zu fördern, und hatten so neben der Unterstützung der Muslimbruderschaft in ihren Heimatländern eine globale Strategie gefunden.

Die meisten europäischen Länder sahen in den Aktivitäten der Muslimbrüder eine Entlastung. Viele von ihnen wären auch gar nicht bereit gewesen, in die religiöse Fürsorge von Muslimen zu investieren. Die Finanzierung von Moscheebauten mit Steuergeldern zum Beispiel stand außer Frage. Dass es ausländische Geldgeber dafür gab und sie sich nicht um kulturelle oder religiöse Angebote kümmern mussten, wurde von den europäischen Staaten daher dankbar angenommen.

Europa wusste wenig von den Kräften, die im Nahen Osten aktiv waren. Vielleicht hätten die Regierungen sonst anders gehandelt. Eine Bedrohung durch Organisationen wie die Muslimbrüder war im Bewusstsein der Politiker jedoch nicht vorhanden. In Deutschland beispielsweise wurde die Rückbesinnung zur nationalen und religiösen Identität sogar als Chance betrachtet, dass die Menschen irgendwann, nachdem sie ihren Gastarbeiterauftrag erfüllt hatten, in ihre Heimatländer zurückkehren würden. So musste man diese Menschen gar nicht erst integrieren. Sie konnten bis zu ihrer vermeintlichen Rückkehr in den entstehenden Parallelgesellschaften leben.

Dazu kam die Angst vor den Linken und dem Kommunismus in den 1970er-Jahren: Die meisten Gastarbeiter kamen aus der Arbeiterschicht, und so dachte man, die Religion könne eine hilfreiche Gegenbewegung zum drohenden Kommunismus und ein Stabilisator für diese Menschen sein. Man verstand nicht, dass viele Akteure aus den arabischen Ländern hier etwas ganz anderes wollten – und eine Rückkehr ganz und gar nicht mehr das Ziel war.

Ahmad

Ich bin Muslim. Ich wurde in eine muslimische Familie geboren, die sich – ähnlich wie heute christliche Familien in Deutschland – zwar zu ihrer Religion bekannte, aber nicht besonders religiös war. Das war damals in den 1970er Jahren in Israel keine Ausnahme. Es war die Regel.

Mein Vater war ein arabischer Nationalist, und es tut mir leid, das sagen zu müssen, auch ein Antisemit. Sein Vorbild war bis zu dessen Tod 1970 der ägyptische Präsident Gamal Abdel Nasser. Der Stolz meines Vaters und alle seine Hoffnung, den Staat Israel eines Tages besiegen zu können, lagen in seiner arabischen Identität. Für ihn war Religion eine Art Kultur, ein Glaube, der im Herzen lag. Mit Kleidung, Haarlänge oder Ritualen hatte dieser Glaube nichts zu tun. Mein Vater rauchte, besuchte keine Moschee und fastete nicht. Wenn er Frauen mit Kopftuch auf der Straße sah, was damals sehr selten war, oder Männer mit langen Bärten, machte er abwertende Bemerkungen. Immer wieder zeigte er seine Verachtung und Ablehnung gegen diese Verrückten, wie er sie nannte. War mein Vater wütend, schimpfte er auf Gott, den Propheten und auf seine Religion. Auch das war damals üblich und weit verbreitet unter Muslimen. Sie wollen nicht wissen, was er dann sagte. Er lachte auch über die Pilger, die nach Mekka gingen, und hielt sie für Idioten, die ihre gesamten Ersparnisse für ein Märchen ausgaben.

Die Haltung meines Vaters spiegelte die Haltung seines Vorbilds Nasser wider, der die Muslimbrüder in Ägypten hart bekämpft hatte, da sie dort als Störfaktor für den nationalen Panarabismus und als Bedrohung für die Regimes in Ägypten und Syrien empfunden worden waren.

Umso entsetzter war er, als ich, damals 13 Jahre alt, auf einmal mit den Muslimbrüdern verkehrte.

Um verstehen zu können, wie es dazu kam, muss ich meine damalige Lebenssituation beschreiben: Ich wurde in der Schule gemobbt, offen und subtil gedemütigt, fühlte mich hilflos und war unzufrieden mit meinem Leben. Auch mein Zuhause war kein sicherer Hafen: Obwohl ich ein Kind war, musste ich viel arbeiten – auf den Feldern mit meinen Großeltern und in der Tankstelle, in der mein Vater arbeitete. Das war kein Zeitvertreib für Kinder, wenn man sonst keine Betreuung für sie hat. Ich musste abliefern. Mein Vater war patriarchalisch, gleichzeitig ängstlich und machte mich ständig fertig. Immer wieder sagte er mir, wie schlecht ich doch meine Arbeit mache, ich sei ein Träumer und nicht schnell genug.

Ich war ständig müde, unsicher und hatte kaum Freunde. Unbeschwertheit, Sicherheit, das Gefühl, geborgen zu sein: Das kannte ich alles nicht. Meine Niedergeschlagenheit wuchs von Tag zu Tag.

Der Einzige, der das zu bemerken schien, war der Imam aus meinem Viertel. Wir kannten uns aus meiner Schule, wo er als Arabischlehrer arbeitete. Eines Tages sprach er mich an, fragte, wie es mir gehe. Wie gut sich diese Frage anfühlte! Mit seinem langen weißen Bart und seiner sanften Art wirkte er beruhigend auf mich, irgendwie wie ein Vater – der Vater, den ich mir immer gewünscht hatte: empathisch und gefühlvoll. Wir plauderten ein wenig und lachten. Er zeigte aufrichtiges Interesse an meiner Person und versprach, mir in der Schule zu helfen.

Dann fragte er mich, ob ich nicht Lust hätte, donnerstags in seinen Koranunterricht zu kommen, dort seien mehrere Jungs in meinem Alter. Mein Herz schlug schneller. Vielleicht konnte ich dort endlich Freunde finden. »Du bist ein guter Mensch, Ahmad«, sagte er. »Der Islam braucht dich und deine Fähigkeit. Ich sehe eine große Zukunft für dich, mein Sohn.« Ich fühlte mich geschmeichelt. Dieser Mann sagte das tatsächlich zu mir, den doch sonst alle links liegenließen.

So ging ich fortan jeden Donnerstag nach dem Abendgebet in die Kellerräume der Moschee, setzte mich mit den anderen Jungs auf einen der vielen Teppiche und hatte Koranunterricht bei unserem Imam. Er war ein faszinierender Mann, der trotz seiner Sanftheit ernsthaft war und gleichzeitig wusste, wie er uns zum Lachen bringen konnte. Ganz anders als mein Vater, den ich nur ernst oder wütend kannte. Zum ersten Mal in meinem Leben empfand ich etwas wie Stolz, fühlte mich gesehen und aufgehoben. Und auch wenn mir die Moschee und die Religion noch fremd waren, wollte ich mehr Zeit mit dem Imam verbringen und seine Aufmerksamkeit gewinnen.

Dass der Imam und auch die Moschee zum lokalen Zweig der Muslimbruderschaft gehörten, wusste ich zunächst nicht, und als ich es wusste, interessierte es mich nicht sonderlich – meinen Vater hingegen schon. Er sagte: »Mein Sohn, ich habe nichts gegen deine Religiosität, bete, faste, geh in die Moschee, mach, was du willst, damit habe ich kein Problem, aber bitte nicht mit dieser Gruppe. Ich kenne sie alle, ich bin mit ihnen groß geworden. Diese Menschen nutzen die Religion nur aus, um Macht zu erlangen und diese Gesellschaft zum Negativen zu verändern. Sie wollen Zerstörung und Rückschritt. Sie wollen Hass verbreiten. Mein Sohn, das sind Scharlatane.«

Er hätte es mir verbieten können, dorthin zu gehen. Er verbot mir ständig irgendetwas. Doch mein Vater war auch

Muslim, wie gesagt, nicht religiös, aber irgendetwas schien ihn emotional davon abzuhalten, mir die Moschee gänzlich zu verbieten. Und ich? Ich nahm seine Worte nicht als wohlgemeinte Warnung wahr. Dafür war mein Verhältnis zu ihm zu angespannt. Ich dachte, dies sei – wie so oft – nur eine Beschwerde um der Beschwerde willen. Ich hörte lieber auf meine neuen Freunde in der Gruppe, die sagten: »Dein Vater ist ein Islamhasser, ein Ungläubiger, der uns bekämpfen will, weil *wir* den Islam richtig praktizieren.« Ich glaubte ihnen. Ich wollte ihnen glauben.

Jeder Jugendliche, der sich radikalisiert, hat seine eigene Geschichte, so auch ich. Die Gründe, die dazu führten, habe ich ausführlich in meinem ersten Buch *Generation Allah* beschrieben. Hier nur ein kurzer Abriss: Als ich mich der Gruppe anschloss und begann, in die Moschee zu gehen, ging es mir weder um Politik noch um Religion. Es ging um drei Aspekte:

1. Ich versuchte, meiner persönlichen Krise ein Ende zu setzen. Denn ich war nicht nur in der Schule gemobbt worden, sondern hatte auch große Zukunftsängste, weil meine Familie so arm war.
2. Ich wollte gegen meine Eltern rebellieren.
3. Ich sehnte mich nach sozialen Kontakten, hatte den Wunsch, geliebt zu werden, und wollte Anerkennung als der Mensch, der ich war.

Am Anfang meiner Zeit in der Gruppe drehte sich vieles um Wissensvermittlung, den Koran, Hocharabisch, Spiritualität und die Geschichte der Religion. Ideologie spielte keine Rolle. Ich war froh, auf Menschen zu treffen, die mich im Gegensatz zu meinen Klassenkameraden nicht mobbten.

Islamisten wissen, wie man junge Menschen für sich gewinnt: So wurde uns zum Beispiel immer wieder gesagt, wir hätten das Potenzial zu etwas Größerem. Außerdem gab es in der Moschee eine Art Jugendzentrum, in dem wir Videospiele und Tischtennis spielen oder Videos anschauen konnten. Auch machten wir Ausflüge oder kümmerten uns um arme Menschen. Mein bis dato ödes und von Minderwertigkeitskomplexen durchsetztes Leben hatte auf einmal einen Sinn.

Bei alldem gab es für uns klare Regeln, was mich nicht störte. Im Gegenteil. In dieser Gruppe zu sein war eine Aufgabe, die mir Orientierung, Struktur und Halt gab. Ich wollte meiner Religion dienen, ein guter Muslim werden, irgendwann ins Paradies kommen.

Unsere Ideologie, die von den Muslimbrüdern natürlich niemals Ideologie, sondern einfach nur Islam genannt wurde und die ich jeden Tag mehr verinnerlichte, hatte aber auch viele spaltende Elemente. Uns wurde gesagt, wir würden bekämpft werden, weil *wir* die Wahrheit entdeckt hatten. *Wir* hatten Gott verstanden. *Wir* hatten das Rezept für Erfolg, für ein besseres Leben und für die Beherrschung der Welt. *Wir* waren besser als die säkularen Muslime, die dem Westen wie Hunde hinterherliefen, und besser als die Salafisten, die nicht flexibel genug waren, den Islam mit der Moderne zu vereinbaren. Besser als Christen, Juden und Ungläubige waren wir sowieso.

Der Imam und ranghöhere Mitglieder der Moschee trichterten uns ein, wir seien eine unterdrückte Elite und würden uns deshalb immer als Fremde fühlen. Dies wurde als Erklärung für etwaige Angriffe von außen genutzt, aber auch dafür, uns ein Gefühl von Überlegenheit zu vermitteln. Sie sagten: »So fühlten sich damals die ersten Muslime rund um Mohammed auch. Sie wurden belächelt, abgewertet und bekämpft.« So mussten wir uns mit keiner Kritik auseinandersetzen. Je mehr wir davon hörten, desto fester glaubten wir an die Sache, desto sicherer waren wir, auf dem richtigen Weg zu sein.

Mit der Zeit wurde das Leben in der Gruppe immer strenger. Aus den klaren Regeln vom Anfang wurde eine strenge Kontrolle über alles, was uns als Individuen betraf – auch über unsere Bedürfnisse. Es ging nicht mehr nur darum, zu glauben oder den Koran zu studieren, es ging zum Beispiel auch darum, die eigene Sexualität zu kontrollieren. Der Imam machte dies zum Schwerpunkt seines Unterrichts. Immer und immer wieder erzählte er, ein guter Muslim sei nur derjenige, der in der Lage sei, gegen irdische Bedürfnisse und den inneren Teufel zu kämpfen. Sexualität, Freizügigkeit, Schamlosigkeit, Selbstbefriedigung oder Liebe außerhalb der Ehe seien Sünden und der Weg des Teufels, um uns Menschen zu erreichen.

Die anderen Jungen aus der Gruppe und ich durften keine Frauen anschauen und mussten jedes noch so kleine Bedürfnis nach Sexualität unterdrücken. Fasten sollte uns dabei helfen, unsere Seelen zu trainieren, indem wir Verzicht übten. Unser ganzes Leben, unser ganzes Sein, unsere natürlichsten Bedürfnisse waren unter Kontrolle dieser Ideologie. Abweichungen wurden nicht nur als Illoyalität wahrgenommen, sondern auch als Schwäche, als Verrat an der Religion und an Gott. Als Strafe drohte uns das Höllenfeuer.

Nachdem ich gelernt hatte, dass der Islam die einzige Rettung für mich und meine Minderwertigkeitskomplexe war, ja der einzige Weg, der mich glücklich machen und ins Paradies bringen würde, war der nächste ideologische Schritt viel einfacher: Wenn dies für mich galt, dann auch für alle anderen Menschen. Ich war überzeugt davon, dass das Versagen der Generation meiner Eltern, die den arabischen Nationalismus zugelassen hatte, der uns verwestlicht und vom rechten Weg abgebracht hatte, wiedergutgemacht werden konnte, wenn der Islam wiedererstarkte.

Und so war die letzte Stufe meiner Radikalisierung schließlich die politische. Es schien uns logisch, andere Menschen davon zu überzeugen, dass der Islam nicht nur ein Glaube, sondern eine umfassende Lebensform war: Religion *und* Staatsform, die Heirat, Tod, aber auch Justiz, Politik und alle Lebensformen regelte. Deshalb mussten wir einerseits alles tun, um selbst bessere Muslime zu werden, und andererseits für den Idealfall sorgen: das Leben *aller* Menschen unter muslimischer Herrschaft, auch wenn es 200 oder 300 Jahre dauern würde. Allah hatte es uns versprochen. Wir mussten nur Geduld haben. Es gibt einen Hadith, einen Mohammed zugeordneten Spruch, der Folgendes besagt: Wenn ich einen Menschen zum Islam bringe, wird alles, was dieser Mensch ab diesem Moment Gutes tut, auch mir zugeschrieben. Es ist wie ein Schneeballsystem. Je mehr ich missioniere, desto besser bin ich als Muslim. So betrieben wir Charmeoffensiven, sprachen voller Hingabe von unserem Glauben. Wir waren uns sicher, damit der gesamten Menschheit und letztlich auch uns selber etwas Gutes zu tun.

Die Muslimbrüder in Israel sind so organisiert, dass jedes Dorf und jede Stadt eigene Mitglieder und Führungen hat, es aber auch Kontakte auf nationaler Ebene miteinander gibt, so wie bei jeder Partei. Die Muslimbrüder werden dort zwar ununterbrochen von Geheimdiensten beobachtet, doch für ein flächendeckendes Verbot hat es nie gereicht. Und so sind sie auch weiterhin politisch und religiös aktiv. Intern gibt es Hierarchien, in denen man je nach Leistung und Loyalität aufsteigen kann. Dies gab mir immer Ziele, die ich leidenschaftlich versuchte zu erreichen, denn wir selbst waren nur eine sehr kleine örtliche Gruppe, die höchstens 70 Mitglieder hatte.

Um unseren Zusammenhalt zu stärken, unternahmen wir neben dem Beten, Fasten, dem Koranunterricht und der Missionierung vieles gemeinsam. Wir machten Ausflüge, vor allem zur Al-Aksa-Moschee in Jerusalem, wir aßen gemeinsam, es wurde Theater gespielt. Wenn einer aus unserer Gruppe heiratete, gingen wir geschlossen hin. Die obere Riege der Muslimbruderschaft veranstaltete mehrmals im Jahr große Konzerte, unsere Superstars hielten Reden.

- Wir waren Soldaten Allahs ohne Waffen. Wir gründeten auf lokaler und nationaler Ebene Krankenhäuser und Schulen. Wir betrieben Fitnessstudios, Friseursalons, Bestattungsunternehmen. Wir gaben Nachhilfe, gründeten Elterngruppen und Sportvereine. Die Projekte glichen sich in ganz Israel. Unser Kampf war, wo es nur ging, Einfluss zu nehmen: in der Lokalpolitik, in den Schulen, als Schülervertreter, bei der Polizei, in den Krankenhäusern, in Banken.

Wir versuchten beispielsweise, die Schulen dazu zu bringen, Menschen zu sanktionieren, die im Ramadan aßen. Wir wollten durchsetzen, keine Ausflüge mehr zu erlauben, die nicht religiös waren. Jeder kleine Erfolg in unserem Sinne wurde von uns gefeiert, weil jeder noch so kleine Schritt zählte.

Auch gab es einen Schreibwarenladen, der von uns finanziert war, in dem alles zehn Prozent weniger kostete als in anderen Läden. Und jeder, der dort mehr als 100 Schekel ausgab, bekam ein Buch geschenkt, in dem wir unsere Ideologie verbreiteten. In den Augen vieler Menschen waren wir einfach nur sehr aktive Menschen, die etwas für die Gesellschaft taten. Für uns aber waren das alles nur Schritte hin zum Gottesstaat.

- Diejenigen von uns, die zur Elite gehörten, sollten studieren und wurden dabei sogar finanziell unterstützt. Manche studierten Psychologie, andere Jura, Medizin oder BWL. Unser Imam sagte: »Geht, mischt euch ein, macht Karriere, verdient Geld, aber vergesst euer Mutterschiff nicht. Ihr seid dann Menschen mit akademischem Abschluss, ihr habt mehr Anerkennung in der Gesellschaft. Wo ihr auch seid, verbreitet das Wort Allahs, schafft die Bedingungen für den Sieg. Bekämpft unsere Feinde, und wenn wir euch brauchen, kommt ihr ohne Wenn und Aber.«

- Sosehr sich das nach Einigkeit anhört, es gab aber auch immer wieder Auseinandersetzungen zwischen den einzelnen Untergruppen der Muslimbruderschaft. Es gab zum Beispiel Uneinigkeit über unsere Missionierung. Sollten wir Clan-Chefs, die nichts mit der Muslimbruderschaft zu tun hatten, für uns gewinnen, um dadurch ihren ganzen Clan an uns zu binden, was bedeutete, dass das Streben nach Macht größer war als die religiösen Überzeugungen? Sollten wir politische Allianzen mit anderen, nichtreligiösen Parteien auf lokaler Ebene eingehen, obwohl beides unserer eigentlichen Überzeugung widersprach? Was uns auch immer wieder beschäftigte, war die Frage, wieweit wir die israelischen Strukturen nutzen sollten, um unserem Ziel näher zu kommen.

Der nördliche Ableger der israelischen Muslimbruderschaft solidarisierte sich mit der Hamas, den Muslimbrüdern aus den palästinischen Gebieten, die den Staat Israel mit Gewalt und Terror bekämpften. Sie wurden vom nördlichen Ableger mit Geld und humanitären Hilfen unterstützt. Der südliche Teil der Muslimbruderschaft aber wollte sich nach außen von der Hamas distanzieren und überlegte irgendwann, als politische Partei an den israelischen Wahlen teilzunehmen. Er sah darin eine gute Chance der langsamen Unterwanderung, um mehr Einfluss auf den Staat nehmen zu können. Doch der nördliche Ableger verweigerte die Zustimmung. Für ihn wurde damit eine Grenze überschritten. Mit der Beteiligung an den Wahlen, so seine Auffassung, würde man Israel und seine Institutionen anerkennen. Interessant war, dass beide Lager in ihrer Ablehnung Israels fast identisch dachten. Beide waren der Meinung, Israel sei eine aufgezwungene Realität, die man ablehnen und niemals akzeptieren würde. Auch die Literatur und die Prediger, die man in beiden Lagern las und hörte, waren dieselben. Doch die einen hielten die Umsetzung der Ziele für wichtiger als das strikte Festhalten an ihrer Ideologie.

Mittlerweile ist der nördliche Ableger übrigens wegen Terrorunterstützung verboten worden, und der südliche ist in Israel Teil der Koalition geworden.

Und ich? Bin irgendwann aufgewacht und konnte mich von dieser Ideologie und ihren Strukturen lösen. Nicht schnell, wie aus einem Albtraum. Nein, langsam, aber sicher. Wäre ich es nicht, könnten Sie diese Zeilen jetzt nicht lesen. Ich weiß nicht, wer und wo ich wäre. Vielleicht wäre ich Schriftsteller geworden und hätte ein Buch über die Schönheit des Islam oder darüber geschrieben, warum die Muslimbrüder die besten Partner für Integration sind.

Heute habe ich einen ganz anderen Zugang zur Religion. Viele, die meine Geschichte kennen, fragen mich, ob ich noch Muslim bin. Andere, vor allem Islamisten, aber auch Rechtsradikale, sprechen mir das Muslimsein ab, weil für sie die Einordnung meiner Person in ein bestimmtes Lager so besser funktioniert. Sie verstehen nicht, dass ich den politischen Islam, die Ideologie, verlassen habe, nicht aber die Religion.

Heute entscheidet der Imam nicht mehr, welche Beziehung ich zu Gott haben soll. Er entscheidet nicht mehr, wie ich bete, faste, was ich denken soll und was nicht. Ich bin Muslim geblieben, ein Muslim, der Zweifel an den Texten und Narrativen zulässt. Das macht meinen Islam nicht weniger gut. Ich hinterfrage vieles, und trotzdem glaube ich an einen Gott, der zuhört, der Individualität zulässt, der wenig Interesse hat an Ritualen, an Gruppenzugehörigkeit, am Fasten, am Kleidungsstil oder an der Bartlänge. Mein Gott hilft mir in schweren Situationen und in Zeiten, in denen ich seine Begleitung brauche. Er hat Interesse daran, mit mir zu sprechen und meinen Sorgen, Träumen, Ängsten und Zweifeln zuzuhören.

Ja, ich bin Muslim, aber ich glaube nicht an die Hölle und an einen Gott, der zornig und rachsüchtig ist.

Ich bin Muslim und trinke ab und zu Alkohol. Niemand hat das Recht, mir deshalb das Muslimsein abzusprechen. Ich bin bereit, vor Gott zu stehen, mit ihm zu streiten und ihn zu fragen, was ihn an einem Glas Rotwein so stört.

Ich bin Muslim und zweifle täglich an Texten, Geschichten und Erzählungen, beispielsweise am Koran, an Aussagen der Propheten oder an historischen Betrachtungen der Religion.

Ich bin Muslim und bete auf meine Art nach meinem Bedürfnis und nicht, wie manche es mir vorschreiben wollen.

Ich bin Muslim und lehne das Kopftuch als religiöses Symbol, das Geschlechter trennt, ab.

Ich bin Muslim und bin deshalb kein bisschen besser als Juden, Christen oder Atheisten, denn Religion ist etwas Persönliches, Intimes, das nur zwischen mir und Gott eine Rolle spielt.

Ich bin Muslim und Demokrat und halte das Grundgesetz für die Basis, die mein Handeln im Alltag dirigiert.

Ich bin Muslim, der seine Religion annimmt, aber auch hinterfragt.

Meine Tochter wächst in einer interreligiösen Ehe auf. Sie feiert Weihnachten und Opferfest. Sie kennt die arabische Esskultur und genießt es, wenn ich arabisch koche. Doch sie darf, wenn sie will, auch bei ihrer Oma und ihrem Opa Schweinefleisch essen. Wir zwingen sie nicht dazu, zu entscheiden, was sie ist und zu welcher Religion sie gehört. Ich bin glücklich darüber, dass sie sich in beiden Kulturen und Religionen zu Hause fühlt.

Ich bin Muslim, und aus Liebe zu meiner Religion kämpfe ich gegen den politischen Islam.

Die islamistische Methode

Vor ein paar Jahren saß ich bei einem informellen Treffen zum Thema Kinderehen im Bundestag. Im Zuge der sogenannten Flüchtlingskrise war dieses Thema in Deutschland immer aktueller geworden, und man hatte überlegt, es im Bundestag zu behandeln. Eine große Partei hatte deshalb mehrere islamische Verbände und mich als Einzelperson eingeladen.

Dass man unterschiedliche Menschen einlädt, um sich ein umfassendes Bild machen zu können, ist gut und richtig. Doch bei diesem Treffen waren auch mehrere Vertreter eines konservativen Verbands anwesend, der nachweislich der Ideologie der Muslimbrüder nahesteht. Schon beim Reingehen sah ich, wie sie Selfies im Bundestag machten. Oft werden solche Bilder hinterher in den sozialen Medien geteilt und dienen dann als Legitimation, nach dem Motto: Wir werden sogar in den Bundestag eingeladen – auch wenn es sich hier um ein informelles Treffen handelte, bei dem es zunächst nur darum ging, verschiedene Perspektiven zu hören.

Zunächst war ich mit den Vertretern alleine im Raum. Keiner von ihnen wollte mit mir sprechen. Als unsere Gastgeber dazukamen, änderte sich die Stimmung schlagartig: Auf einmal hatten sie gute Laune, machten Witze und wurden sogar mir gegenüber gesprächiger. Es wirkte, als hätten sie im entscheidenden Moment in den Freundlichkeitsmodus gewechselt.

Wie gesagt, es sollte um Kinderehen gehen. Das Kinderhilfswerk der Vereinten Nationen UNICEF schreibt dazu: »UNICEF schätzt, dass jährlich zwölf Millionen Mädchen verheiratet werden. (…) Meist gehen die jungen Ehefrauen danach nicht mehr zur Schule, sondern müssen sich um den Haushalt kümmern und werden früh Mutter. Viele junge Ehefrauen geben an, dass sie physischer und sexueller Gewalt durch ihren Partner ausgesetzt sind.«[4]

Für mich steht fest: Kinder sollten nicht heiraten und schon gar nicht verheiratet werden. Ich sprach mich deshalb entschieden gegen die Eheschließung von Minderjährigen aus und auch gegen deren Anerkennung in Deutschland, falls die Ehen in anderen Ländern geschlossen worden waren.

Die Vertreter des besagten Verbands befürworteten Kinderehen. Ihre Argumentation: Weil Muslime vor der Ehe keinen Sex haben dürfen, trügen Kinderehen dazu bei, Minderjährigen mehr sexuelle Freiheit zu gewähren.

Da saßen erzkonservative Menschen und verkauften Kinderehen als sexuelle Befreiung. Sie verpackten religiöse Vorschriften und Gebote, die patriarchalische Strukturen fördern und manifestieren, in westliche Grundsätze wie Freiheit oder Selbstbestimmtheit, obwohl das, was sie forderten, das genaue Gegenteil dessen war. Kein Wort darüber, dass meistens nur die Braut und nicht etwa der Bräutigam minderjährig ist. Kein Wort von sexueller Ausbeutung, von ungleichen Machtverhältnissen oder davon, dass eine Scheidung in vielen Fällen entweder unmöglich oder extrem schwer ist – nicht nur juristisch, sondern auch sozial, weil eine Ehe im Islam etwas Verbindliches ist, nicht vergleichbar mit einer Partnerschaft zwischen Jugendlichen. Wenn heutzutage ein Mädchen mit ihrem Freund Schluss macht, wird ihr Wille in der Regel akzeptiert. Unter Muslimen ist die Entscheidung, sich zu trennen, viel komplexer.

Das Umfeld wird versuchen, das Paar wieder zusammenzubringen, auf die Frau wird Druck ausgeübt, ihre Entscheidung noch mal zu überdenken, es mischen sich viele Menschen ein. Und: Die Entscheidung bleibt nicht ohne Konsequenzen. Eine geschiedene Frau wird

- von ihrer Familie als Risiko wahrgenommen, die Ehre der Familie erneut zu verletzen,
- von ihrem gesellschaftlichen Umfeld negativ bewertet,
- von Männern für leichte Beute gehalten.

Auch theologisch hat eine Frau viel weniger Möglichkeiten, sich von ihrem Mann zu trennen, als andersherum.

All das wurde in diesem Gespräch ignoriert. Warum? Weil der politische Islam Praxen wie die Kinderehe beibehalten möchte, auch wenn die meisten Muslime in dieser Gesellschaft sie ablehnen. Denn dadurch hat er mehr Möglichkeiten, islamische Besonderheiten in der Gesellschaft zu etablieren.

Am Ende des Treffens bezeichneten die Vertreter des Verbandes ein Verbot der Kinderehe sogar als rassistisch, weil Muslime, die vor der Volljährigkeit Sex haben wollten, dadurch kriminalisiert würden. Das saß. Rassismus will sich hierzulande niemand vorwerfen lassen. Die anwesenden Abgeordneten wurden nachdenklich. Sie wirkten unsicher.

Trotz der Erklärungen der Verbandsvertreter trat am 22. Juli 2017 das Gesetz zur Bekämpfung von Kinderehen in Kraft, dem zufolge eine Ehe nicht vor Eintritt der Volljährigkeit eingegangen werden darf und nach ausländischem Recht geschlossene Ehen mit Partnern unter 16 Jahren in Deutschland automatisch unwirksam sind. Doch der Bundesgerichtshof (BGH) sah in dem Gesetz einen Verstoß gegen mehrere Artikel des Grundgesetzes, darunter Artikel 1 (Menschenwürde) und Artikel 6 (Ehe und Familie).

Das Problem hierbei: Unsere Weltanschauung ist manchmal so hochgradig anderes als die anderer Gesellschaften, dass man den BGH hier nur kritisieren konnte. Auch wenn seine Einwände zum Teil berechtigt waren und Nachholbedarf zum Beispiel im Bereich der Unterhaltszahlung und des Sorgerechts besteht, waren die Maßstäbe, mit denen der BGH diesen Sachverhalt bewertet hatte, deutsche. Der BGH ignorierte die kollektiven gesellschaftlichen Zwänge und die Bedingungen, unter denen solche Ehen zustande kommen, komplett. Das sind genau die Lücken, die der politische Islam sucht und braucht. Sie führten in diesem und in vielen anderen Fällen zu einer Verharmlosung und Etablierung von Traditionen, die intolerant und menschenfeindlich sind.

So arbeitet der politische Islam.

Er versucht, die Demokratie mit Mitteln zu untergraben, die harmlos, unauffällig und oftmals auch liberal, solidarisch und partizipativ erscheinen. Seine eigentliche Zielsetzung verbirgt er aber und schmückt sie stattdessen mit demokratischen Narrativen. Es geht dabei nicht um den sofortigen Systemwechsel, sondern um die schrittweise Schaffung von Freiräumen, wie das Beispiel der Kinderehe zeigt. Die Einflussnahme auf die Gesellschaft passiert selten direkt und ist noch seltener justiziabel. Es gibt keine klaren Strukturen, Hierarchien oder Verantwortlichen. Es gibt zwar weltweite Verflechtungen und einen islamischen Rechtsgelehrten und Fernsehprediger wie Yusuf al-Qaradawi, ein Muslimbruder, der sehr mächtig ist, weil viele Muslime ihn wie einen Heiligen verehren und er eine zentrale Figur des zeitgenössischen Islamismus ist – auch in Europa. Doch grundsätzlich ist es das Islamverständnis an sich, das hinter allem steckt. Genau das macht den politischen Islam so schwer durchschaubar und damit auch so gefährlich.

Um diese Ideologie zu verbreiten, braucht es neben der Sichtbarmachung und der Missionierungs- und Überzeugungsarbeit vor allem eines: Geld. Immer wieder tauchen Informationen auf, die beweisen, dass zum Beispiel die mit der Muslimbruderschaft ideologisch verbundenen Gruppierungen in Europa Zugang zu erheblichen finanziellen Ressourcen aus dem Ausland haben. In dem Buch *Qatar Papers* und der darauf basierenden Fernsehdokumentation *Katar: Millionen für Europas Islam* etwa decken die beiden französischen Journalisten Georges Malbrunot und Christian Chesnot auf, wie der Staat Katar den politischen Islam in Europa finanziert. Sie beschreiben darin, wie sie Zugang zu einem USB-Stick bekamen, der Spenderlisten, E-Mails, Überweisungen und andere Dokumente der staatlich kontrollierten NGO Qatar Charity enthielt.

Die Spenden waren für den Bau von Schulen und Moscheen oder den Erwerb von Immobilien bestimmt, die Empfänger überwiegend Vereinigungen, die der Muslimbruderschaft ideologisch nahestehen. Der Stick enthielt außerdem Details zu einem Missions- und Finanzierungsprogramm, das vorsah, 140 Moscheen, Kulturzentren und Schulen zu bauen, um so den politischen Islam in ganz Europa zu stärken.

Georges Malbrunot und Christian Chesnot trafen sich zu ihren Recherchen mehr als zwei Jahre lang mit Vertretern jener Vereinigungen, die von den Spenden profitiert hatten. Auf die Frage, ob sie Muslimbrüder seien, fragten die meisten zurück: »Sind wir nicht alle Brüder?«

Qatar Charity, die weltweit in 70 Ländern aktiv ist, hat allein im Jahr 2014 insgesamt 72 Millionen Euro für mehr als 100 Projekte in 14 europäischen Ländern ausgegeben.

Diese beachtliche Summe hilft dabei, Strukturen und Orte zu etablieren, die die Ideologie der Muslimbrüder unterstützen. Dadurch schaffen sie für die europäischen Muslime und die europäische Politik Tatsachen, werden zu Ansprechpartnern, beeinflussen sie und gewinnen so Menschen für ihre Ideologie.

Doch wer sind nun diese Menschen in Deutschland genau, die man in ihrer Gesamtheit als den politischen Islam bezeichnet? Es sind neben Vertretern von konservativen Verbänden, Organisationen oder einzelnen Moscheegemeinden, die sich auf lokaler Ebene gut etabliert haben, auch Einzelpersonen, die wie Trojanische Pferde funktionieren. Sie arbeiten in der Wissenschaft, in der Politik, in der Seelsorge, der Sozialhilfe, in den Medien, im Erziehungs- und Bildungsbereich, in NGOs und Stiftungen. Dort beeinflussen sie Debatten und Entscheidungen, indem sie zum Beispiel die religiöse Dimension bei der Radikalisierung von Menschen herunterspielen, den Antisemitismus in den muslimischen Communitys relativieren oder das Kopftuch als Ausdruck von weiblicher Selbstbestimmung und Feminismus darstellen.

Manche von ihnen arbeiten direkt für die Ideologie, manche ebnen auch nur den Weg für ihre Akteure, weil sie sich emotional und familiär dem Islam verbunden fühlen und deshalb extrem unkritisch diesen Organisationen gegenüber sind. Ein Beispiel, wie so etwas aussehen kann: Da gibt es vielleicht einen muslimisch sozialisierten Menschen, der in einer Redaktion arbeitet. Er hat die Macht zu entscheiden, welche Themen er umsetzt und veröffentlicht und mit wem er dafür spricht. Er muss kein Muslimbruder sein, er muss auch nicht mit dem politischen Islam sympathisieren. Es reicht, dass er ideologisch angehaucht ist und deshalb mehr im Sinne seiner Überzeugung und weniger im Sinne der Demokratie handelt. Wichtig hierbei: Das bedeutet natürlich nicht, dass jeder muslimisch sozialisierte Mensch so agiert.

Wenn jemand diesem Journalisten nun erzählt, Integration funktioniere in Deutschland großartig, dann gibt er dem wahrscheinlich mehr Raum als der Aussage: »Wir haben Probleme mit der Integration.« Ähnliches gilt für einen Beitrag beispielsweise zum Thema Meinungsfreiheit im Islam. Der Journalist kann entscheiden, wie er darauf Bezug nimmt. Er kann Stimmen abbilden, die die Meinungsfreiheit als nicht gegeben sehen. Er kann aber auch Stimmen einholen, die sagen, es sei alles in Ordnung. Oder er hört sich ambivalente Stimmen zu diesem Thema an. Alle drei Perspektiven abzubilden wäre ausgewogen und eine Abbildung der Realität. Wenn dieser Journalist aber seiner ideologischen Haltung folgt und dieses Thema so darstellt, als seien Schwierigkeiten mit demokratischen Werten unter Muslimen überhaupt nicht vorhanden, dann muss man seine Professionalität hinterfragen. Natürlich gilt diese Problematik nicht nur für den Islam. Sie gilt für jede Art von Haltungsjournalismus, egal in welchem Bereich.

Ein anderes, ganz konkretes Beispiel erzählte mir eine Sozialarbeiterin eines Jugendamts. Sie hatte an einem Workshop für interkulturelle Kompetenz von einem Träger im sozialen Bereich teilgenommen. Diese Art von Workshop wird angeboten, weil die Mitarbeiter von Jugendämtern in ihrem Alltag mit Menschen aus unterschiedlichen Kulturen zu tun haben und es bei der Kontaktaufnahme nicht immer, aber immer wieder zu Eskalationen kommt.

Der Workshop wurde von zwei Trainern durchgeführt, die muslimische Deutsche waren und – nach eigenen Aussagen – viel Erfahrung im Bereich des interreligiösen und interkulturellen Kompetenztrainings hatten. Der Workshop begann mit einer langen allgemeinen Informationsvermittlung, die vor allem darin bestand, den Islam zu erklären: Wie beten Muslime? Wie fasten sie? Woran glauben sie? Wie erziehen sie ihre Kinder? Was ist ihnen wichtig? Was sind ihre Gebote?

Nach der Mittagspause meldete sich eine Teilnehmerin zu Wort und sagte, das sei ja alles schön und gut, was die beiden hier erzählten, sie frage sich aber, warum sie das alles wissen müsse, ihr gehe es um etwas ganz anderes. Sie sagte: »Ich möchte wissen, wie ich die Eltern erreichen kann, damit sie weniger Angst vor dem Jugendamt haben. Und ich möchte wissen, wie ich ihnen vermittle, dass sie ihre Kinder nicht schlagen dürfen und dass sie ihre 16-jährigen Töchter nicht während der Sommerferien in die Türkei schicken dürfen, um sie dort zu verheiraten.« Die Antwort eines Trainers: »Die Eltern haben erst dann keine Angst mehr vor dem Jugendamt, wenn *Sie* als Mitarbeiter des Jugendamts aufhören, Angst vor dem Islam zu haben. Außerdem haben Eltern das Recht, ihren Kindern eine muslimische Identität zu vermitteln.«

Die Stimmung kippte, viele Teilnehmer zeigten ihren Unmut über den Verlauf der Fortbildung. Einer sagte: »Wir wollen eine muslimische Identität auch nicht verhindern, die Frage ist nur, ob manche religiösen Methoden und Inhalte nicht im Widerspruch zu den Gesetzen hier in Deutschland stehen.« Ein anderer erzählte von seiner Überforderung mit einem Kind eines radikalen Islamisten, das drohte, andere Kinder in der Schule abzuschlachten. Immer mehr Beispiele wurden laut, in denen religiöse und kulturelle Komponenten eine große Rolle gespielt hatten. Ein Zehnjähriger etwa, der vom Vater geschlagen wurde, wenn er nicht rechtzeitig betete. Oder ein 14-jähriges Mädchen, das Angst davor hatte, ihr Bruder könne von ihrer heimlichen Beziehung erfahren.

Einer der Trainer fragte zurück, warum man solche negativen Fälle immer mit dem Islam verbinde. »Weil es die Realität unserer Arbeit ist«, antwortete eine Teilnehmerin. Sie schien genervt, wie viele andere auch. »Natürlich gibt es viele positive Familien«, sagte sie. »Mit denen haben wir aber nicht viel zu tun und wegen denen sind wir auch nicht hier.«

Die Stimmung besserte sich nicht mehr. Auf weitere Fragen antworteten die Trainer ausweichend. Als Lösung schlugen sie vor, Kontakt zum örtlichen Imam aufzunehmen, da dieser einen besseren Draht zu den Familien habe. Schließlich verteilten sie noch Verse aus dem Koran, in denen es um die gefühlvolle Erziehung von Kindern ging. »Hängen Sie die Verse in Ihr Büro und lesen Sie sie den Eltern immer wieder vor. So können Sie sie davon überzeugen, liebevoller mit den Kindern umzugehen.« Die Teilnehmer nahmen die Verse sprachlos entgegen. Sie hatten verstanden, dass sie ihre Zeit hier verschwendet hatten. Denn statt die Probleme und Herausforderungen der Mitarbeiter ernst zu nehmen, sie objektiv, sachlich und vor allem professionell zu behandeln, hatten die beiden Trainer nichts anderes im Sinn gehabt, als den Islam zu verteidigen.

Ich sage nicht, dass diese beiden Trainer Islamisten waren, aber sie spielten ihnen mit ihrer Haltung in die Hände, denn es ging in erster Linie nicht um das Kindeswohl, sondern darum, bestimmte Praktiken zu rechtfertigen und zu legitimieren. Und den Islam zu stärken.

Die Bedeutung der Opferrolle

Neben der Relativierung ist die Aufrechterhaltung und Instrumentalisierung der Opferrolle eine entscheidende Taktik von Islamisten. Wird Kritik laut, suchen sie sich Unterstützung von Kirchen, Politikern oder Wissenschaftlern und zelebrieren sich als Opfer rechtsextremer Kampagnen. Inhaltliche Sachlichkeit spielt dann keine Rolle mehr. Nach außen können die Vertreter des politischen Islam so einerseits als vernünftige Menschen auftreten, die an Lösungen interessiert sind und die Gesellschaft vereinen wollen, und andererseits unangenehmen und mitunter entlarvenden Diskussionen aus dem Weg gehen, indem sie Kritiker in Zweifel ziehen, sie demoralisieren und ihnen mit dem

Vorwurf der Islamophobie oder des antimuslimischen Rassismus begegnen. Oftmals klagen sie auch vor Gerichten, was ich den »Dschihad der Anwälte« nenne. Mit Hilfe der besten Juristen drohen sie mit Unterlassungsklagen, selbst wenn die Erfolgschancen sehr begrenzt sind. Das Ziel ist, die Gegenseite einzuschüchtern und sie finanziell zu schädigen oder gar zu ruinieren.

Das alles führt dazu, dass Akteure des politischen Islam von der Politik immer wieder als Partner hofiert werden und sogar als Experten für Themen wie Radikalisierung gelten. Die Bilder, die dabei mit wichtigen Politikerinnen und Politikern entstehen, dienen ihnen als Beweismittel von Harmlosigkeit: Wir sind lupenreine Demokraten, selbst die Politik erkennt das. Die politischen Islamisten benutzen Gendersternchen, pflegen Kontakte zu jüdischen Vereinen, lassen sich mit LGBT-Aktivisten fotografieren, nur um am nächsten Tag Prediger einzuladen, die Antisemitismus verbreiten, Gewalt gegen Frauen gutheißen und die Tötung von Homosexuellen rechtfertigen. Währenddessen schreibt sich der Verfassungsschutz auf Hunderten von Seiten die Finger wund darüber, zu welchen islamistischen Milieus genau diese Menschen gehören.

Beispiel Dar-as-Salam-Moschee in Berlin-Neukölln: Ein Ort, der in den letzten Jahren zu einem Pilgerort vieler Politiker geworden ist, um ihre Dialogbereitschaft und Toleranz zur Schau zu stellen. Der Moscheeverein zeigt sich liberal, offen und fortschrittlich. Man spricht nach außen über Homosexualität, Integration und bietet sich als Vermittler an. So wurde ihr Imam immer wieder auch zu Mahnwachen gegen Terror und Antisemitismus eingeladen und ist ein gern gesehener Gast an Schulen. Doch es gibt auch eine andere Seite, die man nicht sieht oder nicht sehen will. Dass salafistische Vertreter aus dem Ausland in der Moschee zu Gast waren etwa. Dass man Kontakte zur islamistischen Ennahda-Partei in Tunesien pflegte.

Dass der saudische Hassprediger Muhammad al-Arifi zweimal zu Gast war. Das erste Mal 2009, das zweite Mal 2013, obwohl er damals wegen Hetze gegen Juden, Homosexuelle und Schiiten eigentlich nicht in die Staaten des Schengen-Raumes hätte einreisen dürfen. Auf die Frage, warum so jemand Zugang zur Moschee bekommt, antwortete der Verein, sie wüssten nichts über die problematischen Positionen dieses Herrn. Das alles ist öffentlich bekannt. Angemessen reagiert wird kaum.

Auch innerhalb der muslimischen Communitys, die Akteure des politischen Islam erreichen, ist die Opferrolle ein wichtiges Instrument. Jeder Konflikt, jede Diskussion und jede Kritik am politischen Islam, am Islam selbst oder an Muslimen wird ausschließlich als Angriff auf sich selbst gesehen: die Muslime als Opfer, die anderen als Täter. Nach innen sprechen sie vom angeblichen Kampf der Gesellschaft gegen den Islam und gegen die Muslime, vom antimuslimischen Rassismus, vom »wir gegen die«. Am Ende geht es darum, so viel wie möglich zu spalten und einen Graben entstehen oder ihn noch tiefer werden zu lassen.

Wer, wie sie, emotionale Themen geschickt besetzt, erlangt sowohl Kontrolle über die Diskurse als auch über die Betroffenen. So gelingt es ihnen, die Gesellschaft, die Politik und die Muslime dorthin zu bringen, wo sie sie haben wollen. Jetzt können sie auf der einen Seite spalten und auf der anderen Seite repräsentieren und nach außen bekanntgeben, sie würden für ein gesundes Zusammenleben kämpfen. Frage: Wer hätte vor 50 Jahren bei Muslimen als Erstes an Kopftücher gedacht? Keiner. Dass dies heute passiert, ist gewollt. Das ist Marketing, um mehr Sichtbarkeit zu erlangen.

Praktisch umgesetzt sieht das so aus: Jugendliche etwa holen sie dort ab, wo Jugendliche viel Zeit verbringen – im Internet.

Soziale Netzwerke wie Instagram, YouTube und Facebook sind wichtige Felder für Propaganda und Anwerbung von Anhängern. Durch ihr Auftreten in sozialen Medien vermitteln sie das Gefühl einer weltweiten Kampagne gegen den Islam. Sie sprechen von Wertediktatur, versuchen, jede Debatte, jedes Thema, das mit dem Islam und den Muslimen zu tun hat, so darzustellen, als sei es ein Kampf gegen den Islam. Das Kinderkopftuchverbot wird als Angriff auf die Freiheit ausgelegt, politische Entscheidungen gegen den Islamismus in Deutschland als das Ende der Demokratie, Islamkritiker werden als Hassfiguren dargestellt. Dabei vermitteln die politischen Islamisten den Jugendlichen, sie würden in dieser Gesellschaft niemals akzeptiert werden und sollten deshalb alles dafür tun, um ihre muslimische Identität zu bewahren und zu stärken.

Ein Beispiel: Die Gruppe Realität Islam (RI), über die das Landesamt für Verfassungsschutz Hessen schreibt, sie weise eine ideologische Nähe zur seit 2003 verbotenen Vereinigung Hizb ut-Tahrir (HuT) auf. Ziel der panislamischen HuT ist es, so der Verfassungsschutz, »alle Muslime von Unterdrückung zu befreien« und sie in einem weltweiten Kalifat mit islamischer Rechtsordnung zu vereinigen. Das Landesamt schreibt weiter: »Aus Sicht der HuT haben ›unterdrückte Muslime‹ das Recht auf ›Selbstverteidigung‹ mit allen Mitteln. So werden Gewalttaten anderer islamistischer Gruppierungen oftmals gebilligt.« Im Mittelpunkt der Aktivitäten der HuT in Deutschland steht die Rekrutierung neuer Mitglieder. »Dabei treten die Aktivisten meist nicht offen als Anhänger der HuT auf, sondern versuchen zunächst über persönliche Kontakte, ein Vertrauensverhältnis zu jungen muslimischen Menschen aufzubauen.«[5] Genauso macht es Realität Islam in den sozialen Medien. Ihre Beiträge erscheinen häufig tagesaktuell und im Stil von deutschen Nachrichtenseiten mit Schlagzeilen oder Zitaten. Das sich immer wiederholende Schema: Wir sind Opfer der politischen und gesellschaftlichen Verhältnisse in Deutschland.

Der Verfassungsschutz schreibt dazu, dass Realität Islam propagiere, die »Wahrung einer islamischen Identität« sei nur in Abgrenzung von der westlichen Gesellschaft möglich. So solle sich ein »wahrer Muslim« bei Konflikten zwischen Grundgesetz und Scharia stets nach den Vorgaben der Scharia richten. »Mit den vor allem online verbreiteten Stellungnahmen und den darin besprochenen Themen versucht RI eine zunehmende Emotionalisierung der Sympathisanten zu erzielen. Hierzu knüpft RI gezielt an Diskriminierungserfahrungen muslimischer Mitbürgerinnen und Mitbürger an und lehnt Integrationspolitik, die als ›Assimilationsterror‹ und ›Bekenntniszwang‹ verunglimpft wird, ab.

Daraus ergibt sich die Gefahr einer Abschottung von der Mehrheitsgesellschaft. Diese bietet einen Nährboden für extremistische Radikalisierung und vereinfacht es RI, neue Anhänger und Sympathisanten zu gewinnen.«[6]

Auch durch einfache Bildungsangebote versuchen Akteure des politischen Islam, junge Menschen in Richtung ihrer Ideologie zu empowern. Wie der Vordenker der Unterwanderungsstrategie Muhammed al-Ghazzali schon 1984 empfahl, investieren sie zum Beispiel in Nachhilfeunterricht oder Sprachschulen für Kinder. Es geht dabei im Wesentlichen aber nicht darum, bessere Schüler hervorzubringen oder eine Sprache zu lehren. Der verständliche Wunsch der Eltern, ihren Kindern Nachhilfe zu ermöglichen oder ihre Muttersprache beizubringen, wird genutzt, um religiöse Narrative zu vermitteln. Dabei wird versucht, die Kinder auf Abstand zu wichtigen Werten unserer Gesellschaft zu halten. Werten wie beispielsweise Gleichberechtigung, Meinungsfreiheit, der Trennung von Staat und Religion, der sexuellen Selbstbestimmung, dem offenen Umgang mit Diversität oder auch dem Recht, die eigene Religion zu kritisieren. Das führt dazu, dass sich diese Kinder entweder von der Mehrheitsgesellschaft distanzieren oder ihnen das emotionale Ankommen in Deutschland erschwert wird. So höre ich zum Beispiel immer wieder von Grundschullehrern, dass Schüler, die in bestimmten Moscheen am Sprach- oder Koranunterricht teilnehmen, komplett verändert in die Schule zurückkommen und Äußerungen machen, die sehr problematisch sind. So bezeichnen sie beispielsweise Christen als Ungläubige, die in der Hölle landen, bezeichnen Mädchen, die kein Kopftuch tragen, als »Schlampen« oder sagen, dass Juden von Gott verflucht sind.

Mit ähnlichen Methoden arbeiten auch manche muslimischen Vereine und Verbände, die sogar vom Staat für Sozial- und Integrationsarbeit beauftragt werden.

Ein Beispiel aus einer 6. Klasse irgendwo in Norddeutschland: Die Lehrerin, die mir die Ereignisse später schilderte, wollte mit den Kindern im Unterricht Staaten und Länder besprechen. Sie brachte dafür eine große Weltkarte mit und hängte sie an die Tafel. Sie erzählte den Kindern von Deutschland, von den Bundesländern, von den Nachbarländern Deutschlands, von Europa, von Ländern im Osten und Westen. Dann erzählte sie, dass sie seit 20 Jahren in Deutschland lebe, aber eigentlich in Israel geboren sei. Da meldete sich ein Kind und fragte, ob die Lehrerin ernsthaft aus Israel stamme. Sie bejahte: »Da bin ich geboren und aufgewachsen. Warum?«

Die Antwort war Schweigen.

Später in der Stunde sollten die Schüler in Kleingruppen arbeiten. Das Kind, das zuvor die Frage gestellt hatte, ging zur Weltkarte, suchte darauf Israel und versuchte, es mit einem Stift zu übermalen. Als die Lehrerin fragte, was es da mache, antwortete das Kind: »Es gibt kein Israel, nur Palästina.«

Aufgelöst erzählte die Lehrerin der Schulleitung davon, die aus Angst, die Geschichte könne publik werden und dem Ruf der Schule schaden, schnell reagierte und ein Gespräch mit der Lehrerin und der Sozialarbeiterin der Schule organisierte. In diesem Gespräch suchten sie nach einem Weg, mit der Situation umzugehen. Am Ende schlug die Sozialarbeiterin, die selbst Muslimin war, vor, eine muslimische Pädagogin für einen Workshop zum Thema Identität einzuladen. Dass die Pädagogin aus dem Umfeld des politischen Islam stammte, erwähnte oder wusste die Sozialarbeiterin nicht.

Zwei Wochen nach dem Vorfall fand in der Schule ein Workshop mit dem Titel »Die Stärkung der palästinensischen Identität« statt. Eingeladen waren Schüler mit entsprechendem Hintergrund.

Warum wurde in diesem Fall die palästinensische Identität gestärkt? Das verstanden weder die Lehrerin, die mir davon erzählte, noch ich. Dass man in diesem Fall das Fehlverhalten des Schülers auch noch honorierte, war etwas, das ich leider immer wieder feststelle. Die Naivität, das Desinteresse, andere Perspektiven mitzudenken, und die Planlosigkeit, mit der man solche Fälle behandelt, stärkt nicht das gemeinsame Leben, es stärkt auch nicht Toleranz oder Vielfalt, sondern einzig und allein eine ausschließende Haltung.

Ich will keineswegs sagen, Integration sei eine einseitige Aufgabe. Nein, ein friedliches, demokratisches Zusammenleben erfordert ein Bekenntnis zur Demokratie und ihren Werten und eine entsprechende Haltung von allen Seiten – auch von der Mehrheitsgesellschaft. Wer Pluralität und Vielfalt nicht willkommen heißt, wer Flüchtlinge etwa grundlegend als Gefahr bezeichnet, Frauen, die ein Kopftuch tragen, diskriminiert oder den Islam und die Muslime pauschal verunglimpft, spielt den

Islamisten damit in die Hände. Das ist vielen nicht klar. Die Islamisten wollen unter allen Umständen verhindern, dass diese Gesellschaft ein Schmelztiegel von Religionen und Ethnien wird. Zu groß ist ihre Angst vor Identitätsverlust oder davor, ihre Brüder und Schwestern an die Demokratie zu verlieren.

Gleichzeitig sollte man nicht alles pauschal gut finden, was gut klingt. Einrichtungen wie das Europäische Institut für Humanwissenschaften (EIHW) in Frankfurt am Main etwa, das 2012 nach dem Vorbild der Europäischen Institute für Humanwissenschaften in Großbritannien (European Institute of Human Sciences) und in Frankreich (Institut Européen des Sciences Humaines) als Verein gegründet wurde, klingt ehrenwert. Als Schulungsstätte dient das EIHW laut Landesamt für Verfassungsschutz Hessen aber der Verbreitung der Ideologie der Muslimbrüder und ist eine Kaderschmiede für Funktionäre der Muslimbruderschaft und der Deutschen Muslimischen Gemeinschaft, die als wichtigste Organisation des deutschen Muslimbruder-Netzwerks gilt. Im Verfassungsschutzbericht Baden-Württemberg steht über sie, das EIHW verstehe sich »als Fortbildungszentrum zur Vereinbarkeit von islamischen Lehren mit den Lebensrealitäten der heutigen Muslime in Europa. Um das eigene Islamverständnis auch auf akademischer Ebene zu verbreiten, bietet das EIHW für muslimische Interessierte bundesweit den nichtakkreditierten Studiengang ›Islamische Wissenschaften‹ an. Auf diese Weise positioniert es sich in direkter Konkurrenz zum staatlich geförderten Studienfach ›Islamische Theologie‹.«[7] Sein Ziel ist auch das Errichten eines Gottesstaates. Was das mit Humanismus zu tun hat? Nichts. Aber der Name schafft Vertrauen, gibt Legitimation.

Politische Islamisten bauen also Bildungszentren auf, versuchen, die Theologie für sich zu beanspruchen und Reformtheologen zu unterdrücken, um dadurch auf den Islamunterricht auch in staatlichen Schulen Einfluss zu nehmen. Sie starten aber auch große Wohlfahrtsprojekte, sammeln für arme Kinder, für Brunnen- und Schulbau in Afrika. Sie gewinnen Prominente, Kirchen und staatliche Institutionen für ihre Werbekampagnen. Dass manche dieser Organisationen wie zum Beispiel Islamic Relief in Israel als Terrorfinanzierer gelten, ignoriert oder verdrängt man hier.

Islamisten nutzen aber auch hochkomplexe Relativierungsmethoden, die eine sachliche Diskussion verhindern – eine manipulative Strategie, die bei allen Arten von Extremismus angewandt wird, um die jeweilige Ideologie zu immunisieren. So wird zum Beispiel behauptet, von Muslimen Integration einzufordern sei diskriminierend, weil Muslime ja schon längst ein Teil von Deutschland seien.

Eine Steilvorlage für diese Art von Argumentation lieferte Angela Merkel am 2. März 2020. An diesem Tag fand in Berlin der 11. Integrationsgipfel statt. Auf die Frage, ab wann jemand in Deutschland als integriert gelte, gab die damalige Bundeskanzlerin zur Antwort: »Wie lange müssen wir eigentlich Teil der Integration sein? Mein Urgroßvater war auch Pole. Ich bin jetzt (…) vierte Generation. Mich fragt natürlich keiner, ob ich (…) jetzt noch zu integrieren sei.«[8] Für schwarze Menschen sehe das anders aus, denn selbst in der vierten Generation müssten sich diese noch rechtfertigen. Angela Merkel fragte, ob schwarze Menschen überhaupt irgendwann integriert sein könnten oder ob das per se nicht möglich sei, weil sie in Deutschland zur Minderheit einer Hautfarbe gehörten. »Über die Fragen müssen wir uns noch mehr Gedanken machen, davon bin ich zutiefst überzeugt.« Natürlich hatte Angela Merkel grundsätzlich recht. Natürlich sollte sich in einer pluralen Gesellschaft keiner für seine Haut- oder Haarfarbe oder die Herkunft seiner Vorfahren rechtfertigen müssen. Eine plurale Gesellschaft lebt von ihrer Diversität. Sie lebt aber auch von gegenseitigem Respekt und dem Vertrauen in gemeinsame Werte und Rechte.

Eine plurale Gesellschaft funktioniert nicht, wenn von diesem Verständnis nur Forderungen abgeleitet werden, jedoch keine Pflichten – oder wenn dieses Verständnis immer wieder zugunsten einzelner Gruppen relativiert wird.

Die Aussagen von Angela Merkel waren für den politischen Islam hochwillkommen: Die wichtigste Politikerin im Land hatte – so konnte man es interpretieren – dazu aufgerufen, die Frage nach Integration nicht mehr zu stellen, weil diese ja in vielen Fällen längst stattgefunden habe. Das Problem: Je weniger die Integrationsfrage gestellt wird, desto weniger wird auch darüber geredet, ob man die Werte dieser Gesellschaft teilt und ob man bereit ist, allen Menschen mit der gleichen Toleranz zu begegnen, die man von anderen erwartet. Desto schwieriger wird auch eine Debatte über Probleme bei der Integration, die zweifelsohne bestehen. Warum sonst bezeichnen Tausende der dritten Generation türkischer Einwanderer den radikalislamischen türkischen Präsidenten Erdoğan als ihren wahren Präsidenten und feiern ihn? Warum sonst wiegt in vielen Familien die Ehre mehr als die Selbstbestimmung des Individuums? Und wie konnte es sonst dazu kommen, dass Menschen, die hier in Deutschland leben, die Ermordung des französischen Lehrers Samuel Paty im Oktober 2020 rechtfertigten?

Zehn Tage bevor Samuel Paty auf offener Straße mit einem Messer enthauptet worden war, hatte er mit seinen Schülerinnen und Schülern das Thema Meinungsfreiheit durchgenommen und dabei Mohammed-Karikaturen gezeigt, die das Satiremagazin *Charlie Hebdo* erneut veröffentlicht hatte. Anlass für die Wiederveröffentlichung war der Prozess um den Anschlag auf die Redaktion im Januar 2015 gewesen. Bei diesem Anschlag war ein Großteil der Redakteure von Islamisten ermordet worden.

Nach dem Unterricht Patys beschwerte sich der Vater einer muslimischen Schülerin im Internet über den Lehrer und rief in einem Video dazu auf, gegen ihn vorzugehen. Dieser Aufruf verbreitete sich in Windeseile. Auch der 18-jährige Abdullah Anzorov, dessen Familienmitglieder nach der Tat aussagten, er habe sich schon lange vorher islamistisch radikalisiert, sah dieses Video – und handelte.

Nach der Tat veröffentlichte Anzorov auf Twitter ein Foto mit dem Kopf von Samuel Paty und schrieb darunter: »Von Abdullah, dem Diener Allahs, bis zu Macron, dem Herrscher der Ungläubigen, habe ich einen eurer Höllenhunde hingerichtet, der es gewagt hat, Mohammed zu beleidigen.«[9]

Wenige Stunden nach der Ermordung waren die sozialen Medien voll mit etwas, das ich damals das »große arabische Aber« nannte: Man verurteilte die Tat zwar, versuchte aber gleichzeitig, sie zu relativieren. Manche gingen in ihren Kommentaren so weit in die Geschichte zurück, dass sie die Kolonialverbrechen Frankreichs gegen die Araber heranzogen, um »ja, aber« sagen zu können. Andere erwähnten die muslimischen Opfer des Terrorismus weltweit. Oder sagten, sie seien zwar gegen Mord, man dürfe aber auch nicht vergessen, was Israel in Palästina tue.

Es gab Akteure des politischen Islam, die – wie fast nach jedem Anschlag – die gleichen Sätze wiederholten: »Terror kennt keine Religion. Das hat nichts mit dem Islam zu tun. Solche Taten missbrauchen den Islam für ihre kriminellen Zwecke.« Dass im Fall Patys nachweislich Akteure des politischen Islam im Vorfeld des Mordes aktiv an der Hetze gegen den Lehrer beteiligt gewesen waren, ignorierte man.

Ein paar Tage später, als Emmanuel Macron in einer Grundsatzrede den Kampf gegen den politischen Islam und vor allem für die Meinungsfreiheit verteidigte, änderte sich die Stimmung komplett. Paty spielte in den muslimischen sozialen Medien keine Rolle mehr, es ging nur noch um die Verurteilung der Mohammed-Karikaturen, Boykottrufe gegen Frankreich und Beleidigungen gegen Macron und seine Frau. Hier nur einer der vielen Kommentare: »Wenn man einen Menschen bis aufs Blut reizt, ist es nicht verwunderlich, dass es irgendwann in Gewalt ausufert. Hört auf mit den Karikaturen, mit den Verunglimpfungen, mit den Beleidigungen. Hört auf, weiter Öl ins Feuer zu gießen! Charlie Hebdo und jeder, der hinter den Karikaturen steht, ist verantwortlich für dieses abscheuliche Verbrechen.«[10] Zudem gab es Demonstrationen, auf denen symbolisch eine Macron-Puppe oder die französische Flagge in Brand gesetzt wurden.

Diese Fälle zeigen deutlich, wie die Folgen von misslungener Integration aussehen können und dass viele, die unter uns leben, die Meinungsfreiheit – einen der wichtigsten Bausteine unserer Demokratie – zumindest teilweise ablehnen. Nur wollten das damals die meisten nicht begreifen.

Auch die Tatsache, dass viele Akteure des politischen Islam genau diese ablehnende Haltung gegen die Meinungsfreiheit teilen, interessierte die meisten nicht, denn auch dieses Mal entschied die Politik, die Aufarbeitung dieses Falles und seiner Folgen zum größten Teil mit Vertretern des politischen Islam zu gestalten. So macht man den Bock zum Gärtner. Dass die Bundesregierung letztendlich auf Distanz zu Macron ging, sich nicht solidarisch zeigte und keine klare Sprache fand, hat bestimmt auch damit zu tun, dass viele Politiker hier zu einer ganz anderen, teils problematischen Haltung zu Macrons Rede gekommen waren. Sie waren der Meinung, Macron verallgemeinere und bediene antimuslimische Ressentiments.

Doch zu einer pluralen Gesellschaft gehört die Meinungsfreiheit. Nichts anderes hatte Samuel Paty versucht seinen Schülerinnen und Schülern beizubringen. Zu einer pluralen Gesellschaft gehört es auch, dass Menschen, die zu dieser Gesellschaft gehören, dies anerkennen. Doch heute wird mehr von Partizipation und Teilhabe als von Integration gesprochen und damit von einer allgemeinen Diskussion über gemeinsame oder eklatant auseinanderklaffende Werte abgelenkt. Was an der Etablierung des Begriffs »Teilhabe« problematisch ist? Teilhabe ist Aufgabe der Mehrheitsgesellschaft. Die Verinnerlichung von Werten oder eine Bringschuld der Zugewanderten spielen so keine Rolle mehr.

Verstehen Sie mich nicht falsch, an Partizipation und Teilhabe ist an und für sich nichts auszusetzen, doch dadurch dürfen Themen, die unbequem sind, nicht komplett ausgeblendet werden. Dazu zählt die einseitige Auslegung von Meinungsfreiheit genauso wie intolerantes Verhalten Andersdenkenden gegenüber oder ein problematisches Islamverständnis wie etwa die Auffassung, der Islam und Säkularismus seien nicht kompatibel. Dieser Meinung ist die Furkan-Gemeinschaft, die vom Verfassungsschutz dem legalistischen Islamismus zugeordnet wird und in mehreren Bundesländern unter Beobachtung steht. Wer auf ihren YouTube-Kanal geht, wo sie sich Furkan-Bewegung nennt, sieht als Erstes die Sätze: »Wahrlich, nur Ihm gehört die Schöpfung und die Befehlsgewalt.« Mit »Ihm« ist Allah gemeint. Und: »Wir kehren zurück zu unserer Zivilisation.« Auf der Twitter-Seite der Furkan-Gemeinschaft Hamburg steht: »Die Furkan-Gemeinschaft ist eine islamische Gemeinschaft, die das Ziel hat, gemeinsam für den Islam zu arbeiten, damit Allahs Wort das Höchste wird.«[11]

Der Verfassungsschutz Nordrhein-Westfalen schreibt über die Gemeinschaft, sie verfolge das Ziel, die »islamische Zivilisation«, die wesentlich durch das islamische Recht geprägt sein solle, zu stärken und gegen andere »Zivilisationen« – sprich: andere Staats- und Gesellschaftsordnungen – durchzusetzen. Weiter heißt es: »Zur Umsetzung bemüht sich die Bewegung um eine Stärkung der Ummah (Gemeinschaft der Muslime) sowie die Ausbildung und Schulung einer Vorreiter-Generation (Öncü Nesil).«[12]

Warum die Furkan-Gemeinschaft zu Recht unter Beobachtung des Verfassungsschutzes steht, wird an folgendem Beispiel deutlich: Im Mai 2020 traf sich der Sprecher der Gemeinschaft Cenk Göncü für ein Interview mit Journalisten vom SWR und BR, das später Teil eines Radiobeitrags wurde. In dem Interview sprach Göncü über die Ziele der Furkan-Gemeinschaft und sagte, sie wolle den Islam so praktizieren und auch so an die Öffentlichkeit herangehen, wie es der Prophet Mohammed gemacht habe. »Uns schwebt die Zivilisation des Propheten Mohammed (…) vor.« Dieses Ziel würden sie zwar nicht mit Gewalt erreichen wollen, aber: »Wir sagen, der Islam und Säkularismus sind nicht miteinander kompatibel. Das sagen wir ganz offen, ganz überzeugt.« Wenn der Ausdruck »politischer Islam« bedeute, so Göncü weiter, dass die Regelungen des Korans und der Sunna auch in die Politik mit einfließen würden, dann sei das Wort »politischer« eine unnötige Hinzufügung. »Das ist genauso, wie wenn man sagen würde ein runder Ball.«[13] Soll heißen: Politik und Religion sind für die Furkan-Gemeinschaft eins. Das spiegelt sich auch in der Beschreibung des Verfassungsschutzes wider: Das politische Religionsverständnis der Furkan-Gemeinschaft »lehnt demnach die Herrschaft des Volkes, also die Demokratie, ab und strebt eine Herrschaft Gottes, die auf der Scharia basieren soll, an«.[14] Somit stelle die *Furkan-Gemeinschaft* eine islamistische Bestrebung gegen die freiheitlich-demokratische Grundordnung dar.

In einer Stellungnahme, die die Furkan-Gemeinschaft im

Anschluss auf YouTube veröffentlichte, sagte Cenk Göncü, dass Muslime wie sie, die den Islam von der Politik nicht trennen und ohne Gewalt Überzeugungsarbeit leisten, als legalistische Islamisten gebrandmarkt würden. Früher habe man geschaut, ob die Menschen sich an das Gesetz hielten oder nicht. »Menschen, die sich an das Gesetz gehalten haben, waren gute Bürger, Menschen, die sich nicht an das Gesetz gehalten haben, waren Kriminelle. Das reicht heutzutage nicht mehr.«

Er sagte außerdem: »Hat man etwa Sorge, dass diese Überzeugung, die wir friedlich mitteilen, (…) auch im Volk geteilt wird? Dass Menschen anfangen, auch so zu glauben wie wir? (…) Haben Menschen, die behaupten, hinter der Demokratie und der Verfassung zu stehen, keine eigene Überzeugung, (…) mit der sie entgegentreten?«[15]

Touché. Er spielte den Ball zurück. Im Grunde sagt er, die Mehrheitsgesellschaft habe nur Angst vor dem Islam, weil ihr selbst eine klare Identität fehle. Deshalb würden sie, die nur friedlich ihre Botschaft verbreiten wollten, an den Pranger gestellt.

Abgesehen davon, dass das Zurückspielen des Balls ein beliebtes Mittel ist, sich selbst nicht rechtfertigen zu müssen, und Göncü sich bei seinem Statement des beliebten Opfernarrativs bedient hatte, wonach Staat und Sicherheitsbehörden die Religionsfreiheit der Organisation angreifen würden, hatte er einen wunden Punkt erwischt.

Identität und Politik: Wer sind wir eigentlich?

Wir müssen reden. Deutschland und auch Europa brauchen eine breitere Debatte über Werte- und Identitätsfragen. Wer sind wir? Sind wir christlich? Jüdisch-christlich? Säkular? Wie viele Religionen verträgt unsere Gesellschaft? Wie können wir das Verhältnis des politischen Islam zur Demokratie verbessern? Wie wollen wir die Gestaltung der Zukunft einer multireligiösen Gesellschaft vornehmen? Welche Identität will Deutschland pflegen und an die neuen Generationen vermitteln? Hat das Christentum hier eine besondere Rolle, oder sind alle Religionen gleichberechtigt und sollten deshalb auch komplett gleich betrachtet und behandelt werden? Und wenn ja, wie sichtbar in der Öffentlichkeit sollten Religionen generell sein? Welches Verhältnis sollte die Politik dazu haben?

Diese bedeutenden Fragen müssen diskutiert und bis zu Ende gedacht werden.

Darf beispielsweise die Weihnachtsbeleuchtung der Städte von Steuergeldern finanziert werden? Und wenn ja, sollte im Ramadan dann nicht genau das Gleiche passieren? Sollte es nur christliche Feiertage geben oder auch jüdische und muslimische? Brauchen wir für jede Religion in der Schule einen eigenen Unterricht? Und wenn ja, wer bestimmt die Inhalte und wie wird er organisiert? Wer bezahlt den Bau von Moscheen? Der Staat? Und wenn sie der Staat bezahlt, müsste dort dann nicht konsequenterweise auf Deutsch gebetet und jegliche Finanzierung und Einflussnahme aus dem Ausland unterbunden werden? Soll als Ausdruck von Gleichberechtigung der Muezzin fünfmal am Tag durch Lautsprecher zu hören sein? Sollte man über den Staat eine Moscheesteuer einsammeln? Darf man christliche und jüdische Traditionen, Entwicklungen und deren Verhältnis zum Staat auch auf den Islam übertragen? Und wenn ja, was bedeutet das im Alltag? Unter welchen Bedingungen darf der Islam in Deutschland eingebürgert werden? Oder soll das ohne jegliche Erwartungen an seine Vertreter als Ausdruck von Vielfalt, Toleranz und Gleichberechtigung passieren? Welche Akteure sollen in diesen Prozessen von muslimischer Seite aus das Sagen haben? Wie etabliert man einen deutschen Islam, der ohne Wenn und Aber hinter demokratischen Grundprinzipien steht?

Wir dürfen solchen Fragen nicht aus dem Weg gehen. Wir müssen darüber eine nationale Debatte führen, die dies in ihrer Gesamtheit betrachtet: juristisch, gesellschaftlich und auch theologisch. Wir brauchen Antworten darauf. Solange es keine gibt, wird der politische Islam Gleichstellung einfordern und dafür kämpfen, mehr Sichtbarkeit und mehr (rechtliche) Freiräume zu bekommen. Ein Teufelskreis, denn je mehr Sichtbarkeit er hat, desto mehr Muslime gewinnt er für seine eindimensionale, konservative islamische Identität. Vor allem Menschen, die neu in Europa ankommen und Anschluss suchen, orientieren sich an dem, was für sie am sichtbarsten und am leichtesten zugänglich ist. Nun könnte man meinen, das stehe im Widerspruch dazu, dass sie vor diesen Strukturen geflohen sind. Doch die meisten dieser Menschen machen nicht den politischen Islam oder islamische Traditionen für die schlimmen Situationen in ihren Ländern verantwortlich. Diejenigen, die das erkannt haben, gehen in Deutschland nicht in die Moscheen, sondern ganz bewusst auf Distanz. Doch man darf auch nicht vergessen: Migration ist immer ein Trauma. Neu in Deutschland zu sein bedeutet Stress, Angst, Hilflosigkeit. Die Menschen suchen deshalb häufig Halt und Orientierung in der Religion und landen deshalb sehr oft bei Akteuren des politischen Islam.

Deshalb muss unser Staat Regeln für das Zusammenleben konkret formulieren und kommunizieren – auch rechtlich bindende.

Ich erinnere mich an die Diskussionen über unverhandelbare Grundrechte, die 2015 geführt wurden, oder an den damaligen Innenminister Thomas de Maizière, der 2017 Grundsätze für eine »deutsche Leitkultur« vorlegte. Nichts davon hat zu einem Plan oder Konzept geführt. Heute sind wir nicht schlauer. Im Gegenteil. Vor allem durch den Einfluss der Identitätspolitik, von der im nächsten Kapitel noch die Rede sein wird, weichen die Regeln des Zusammenlebens immer weiter auf. Da Menschenrechte zunehmend als eurozentristisch und immer weniger als universal betrachtet werden, bekommen bestimmte Gruppen und Minderheiten mehr Freiräume eingeräumt, zum Beispiel die Freiheit, ihre mitgebrachten oder über Generationen in Deutschland etablierten patriarchalischen und undemokratischen Werte zu leben.

Die Basis aller Islamisten

Für mich liegt die Zukunft Deutschlands – und auch Europas – in der Säkularität. Nur so können in einer Gesellschaft alle Religionen nebeneinander in Frieden existieren. Denn auch wenn der politische Islam sich als offen, liberal und demokratisch darstellt und immer wieder betont, er sei friedlich und gegen Gewalt oder Terror habe nichts mit dem Islam zu tun: Eine genaue Betrachtung des Islamverständnisses zeigt, dass es leider viele qualitative Gemeinsamkeiten zwischen Muslimbrüdern – deren Ideologie die Grundlage des politischen Islam ist – und gewaltbereiten Dschihadisten gibt. Die Muslimbrüder haben die Basis geschaffen, auf der die radikaleren und gewaltbereiten Islamisten aufbauen. Zu dieser Basis gehören folgende Punkte:

1. Unmündiger Umgang mit heiligen Texten: Der Koran ist ein Offenbarungstext, der direkt von Allah zu dem Propheten gesendet worden ist. Er ist unveränderbar. Mus-

lime glauben wirklich, sie würden die Worte Gottes lesen, die genau so vor 1500 Jahren diktiert worden sind. Der Koran und die daraus resultierenden Regeln sind somit verbindlich für alle Muslime – politisch, gesellschaftlich, aber auch privat. Solche Regeln gelten für alle Zeiten, an allen Orten und für alle Menschen. Sie sind unveränderbar, müssen befolgt und dürfen nicht angezweifelt werden. Politisch bedeutet dies, dass in einer zukünftigen islamistischen politischen Ordnung nicht das Volk der Souverän ist, sondern die religiösen Autoritäten. Denn ein demokratisch gewähltes Parlament darf keine Gesetze verabschieden, die den heiligen Texten widersprechen. Es darf nichts erlauben, was der Islam verboten hat, und darf nichts verbieten, was der Islam erlaubt hat. Letztendlich bedeutet das eine Theokratie und keine Demokratie.

2. Angstpädagogik: Ein strafender Gott droht den Menschen mit der Hölle und belohnt sie mit dem Paradies. Das Leben auf dieser Welt ist nur eine unbedeutende Phase, eine Prüfung. Das Entscheidende für einen Muslim ist das Jenseits. Dieser Gedanke widerspricht der Heiligkeit des Lebens und führt oft dazu, das Leben im Hier und Jetzt zu verachten oder aufzugeben. Genau dieser Unterschied zwischen der westlichen und der muslimischen Sichtweise auf das Leben kann zu gegenseitiger Abwertung führen, denn unterschiedlicher könnten beide Konzepte nicht sein. Umso verständlicher wird damit die Aussage, die man von Terroristen immer wieder hört: »Ihr liebt das Leben, und wir lieben den Tod.«
3. Antisemitismus: Seit ihrer Gründung im Jahr 1928 sind die Muslimbruderschaft und alle anderen Ideologien des politischen Islam sehr klar antisemitisch und begründen und legitimieren dies auch theologisch.

4. Islam als exklusive und einzige Wahrheit: Eine Gleichberechtigung der Religionen ist aus dieser Haltung heraus kaum möglich.
5. Drang zur Missionierung und Ausbreitung des Islam: Der Islam versteht sich als die letzte und einzig von Gott gewollte Religion. Sie ist global, und es ist die Aufgabe jedes Muslims, diese Ideologie überall zu verbreiten.
6. Die Unterdrückung der Sexualität als Pflicht für einen besseren und stabileren Glauben: Der Kontakt zwischen den Geschlechtern außerhalb der Ehe, die sexuelle Selbstbestimmung und die Abschaffung der Verhüllungspflicht gehören in den Augen der Islamisten zu den wichtigsten Gründen für den Untergang der muslimischen Herrschaft. Nur in einer Gesellschaft, in der Sexualität strikt kontrolliert wird, können Muslime sich ihrem Glauben widmen und Erfolg haben. Der Westen ist nicht nur unmoralisch im Umgang mit Sexualität, er versucht sogar, die muslimischen Länder zu schwächen, indem er versucht, muslimische Männer durch seine Art, mit Sexualität umzugehen, zu kolonialisieren.
7. Opfer und Feindbild: Der Westen führt einen Krieg gegen den Islam auf allen Ebenen. Die Welt ist nur dichotom zu verstehen, die Muslime sind Opfer, der Westen ist Täter.

Die Grundsteine dieser Basis, vor allem auch hinsichtlich des islamistischen Antisemitismus, legte der Ägypter Sayyid Qutb, der sich Mitte des letzten Jahrhunderts innerhalb weniger Jahre vom Hoffnungsträger der Säkularen in Ägypten zum radikalen Islamisten entwickelte, die theologische Basis für den terroristischen Islamismus schuf und bis heute als bedeutendster Ideologe der Muslimbruderschaft und vielleicht des Islamismus insgesamt gilt.

Qutb wurde 1906 in Ägypten geboren und arbeitete nach seinem Studium 16 Jahre lang im ägyptischen Bildungsministerium, von dem er 1949 in die USA geschickt wurde, um das dortige Bildungssystem zu studieren. Die USA – für ihn das Sinnbild des Westens – nahm er als rassistisch, materialistisch und von sexueller Promiskuität durchzogen wahr. Schon während seines Aufenthalts entwickelte er antiwestliche Tendenzen, glaubte, der westliche Kolonialismus habe den Islam durch die Schaffung der arabischen Nationalstaaten infiziert. Der Import von Demokratie, Säkularismus, Materialismus, Individualität, Geschlechtermischung: das und mehr seien die Ursachen des moralischen Verfalls der arabischen Länder.

1950 veröffentlichte er den Aufsatz »Unser Kampf gegen die Juden«, in dem er den Juden eine inhärente Feindschaft gegen die Gemeinschaft der Muslime und einen vierzehn Jahrhunderte dauernden Krieg mit dem Ziel, den Islam zerstören zu wollen, vorwarf. Für alles Übel in der islamischen Welt machte er die Juden und westliches Gedankengut verantwortlich. Verschwörungstheorien, Schwarzweiß- und Feindbilder – Qutb: der Westen und die Juden – sind wichtige Elemente von radikalen Ideologien und Nährboden für Gewalt.

Nach seiner Rückkehr aus den USA trat Qutb 1951 der Muslimbruderschaft bei und wurde schnell zu einem ihrer führenden Vertreter.

Nach einem angeblich durch Muslimbrüder geplanten Attentat auf den ägyptischen Staatspräsidenten Gamal Abdel Nasser im Jahr 1955 kam auch Qutb ins Gefängnis, wo er sich zunehmend radikalisierte und eine neue militante Ideologie entwickelte. Er war beispielsweise der Ansicht, dass es die Pflicht eines jeden Muslims sei, ein islamisches System notfalls mit allen Mitteln herbeizuführen, da ein islamisches Leben nur in einem solchen System möglich sei.

Er rechtfertigte damit sogar die Zerstörung muslimischer Staaten, wenn diese sich in einem »Zustand der Ignoranz« befänden. Oder anders: Er vertrat die Ansicht, es sei eine religiöse Pflicht, muslimische Staaten und deren Gesellschaften zu bekämpfen, um die Gottesherrschaft wieder zu errichten, wenn diese vom Westen verseucht und in das vorislamische Heidentum zurückgefallen seien. So war der kriegerische Dschihad für ihn die einzig logische Konsequenz.

Genau dieser Gedanke war damals neu in den muslimischen Ländern. Bis dahin hatte sich die Ideologie mit jeglicher Art von muslimischem Herrscher arrangiert, solange dieser den Schein wahrte, muslimisch zu sein.

1964 kam Qutb frei, wurde wenig später jedoch wieder verhaftet und wegen der Teilnahme an einer Verschwörung gegen Nasser und der Mitgliedschaft in einer terroristischen Vereinigung, der Muslimbruderschaft, angeklagt. 1966 wurde er gehängt.

Entscheidend ist, dass bis heute Generationen von Islamisten von Sayyid Qutbs Ideen beeinflusst werden – auch legalistische Islamisten. Für viele ist er ein Märtyrer. Manche von ihnen sagen, er sei zu Unrecht beschuldigt worden, den sogenannten kleinen Dschihad, also militante, kriegerische Auseinandersetzungen, zu propagieren. Es sei ihm um den sogenannten großen Dschihad gegangen, den spirituellen, gewaltfreien und persönlichen Kampf gegen innere Gelüste und Unglauben.

Doch die Geschichte zeigt, dass Qutb auch das Vorbild vieler Dschihadisten ist. Von Hamas über IS, Al-Qaida, Al-Shababb: sie alle haben ihre theologische Rechtfertigung für Terror und den bewaffneten Kampf bei Sayyid Qutb, dem radikalisierten Muslimbruder, gefunden. Das zeigt, wie ideologisch verbunden die Muslimbrüder mit dschihadistischen Organisationen sind.

Zum 55. Todestag von Sayyid Qutb schrieb der Dortmunder Ableger der bereits erwähnten Furkan-Bewegung auf seiner Facebook-Seite übrigens: »Möge Allāh den Märtyrertod von Sayyid Qutb annehmen und mit seiner Seele barmherzig sein!«[16]

Um es noch einmal deutlich zu machen: Es geht hier nicht um alle Muslime, sondern um eine kleine Minderheit. Es geht auch nicht darum, Muslimen das Recht auf politische Teilhabe abzusprechen. Es geht darum, in der Gesellschaft ein Bewusstsein dafür zu schaffen, dass sich der politische Islam nicht durch demokratische Leistungen etabliert, sondern durch unser Unvermögen, über Probleme sachlich und offen zu sprechen. Wir haben Angst, die Rechtsradikalen durch einen vermeintlichen Rassismus zu unterstützen, weil das Thema Islamismus zu einem Moralthema geworden ist: Entweder bin ich weltoffen, dann muss sich den politischen Islam akzeptieren und verharmlosen, oder ich bin auf der falschen Seite. Dass Probleme kleiner werden, wenn man sie tabuisiert, hat noch nie funktioniert. Sie werden irgendwann explodieren, wenn wir die Augen weiter verschließen. Das weiß auch Malik, der seine Geschichte im nächsten Kapitel erzählt.

Malik

Bei der Recherche zu diesem Buch sprach ich mit vielen unterschiedlichen Menschen. Einer von ihnen, Malik, faszinierte mich dabei besonders, weil mich sein Leben so sehr an mein eigenes erinnerte. Ich lernte ihn bei einem Treffen mit arabischen Kollegen kennen und führte im Anschluss viele Gespräche mit ihm. Im Folgenden möchte ich ihn selbst zu Wort kommen lassen:

Mein Name ist Malik, geboren 1972, Kind der ersten Gastarbeitergeneration, aufgewachsen im Ruhrgebiet. Ich kenne den politischen Islam. Ich kenne ihn besser, als es mir lieb ist. Jahrelang war ich glühender Anhänger einer Organisation, die den Muslimbrüdern nahesteht. Die nach außen so tat, als würde sie die Mehrheitsgesellschaft in die Arme schließen, in Wirklichkeit aber damit versuchte, sie festzuhalten, um sie handlungsunfähig zu machen. Wir taten, als stünden wir für Integration, Bildung und einen offenen Dialog. Doch eigentlich ging es uns darum, Muslime vor der Mehrheitsgesellschaft und deren Werten zu schützen und sie in ihrer Identität zu konservieren. Niemals hätte ich den Begriff politischer Islam für diese Organisation verwendet. Für mich stand sie einfach nur für den Islam – den wahren Islam. Für mich war sie ein Ort des Zusammenhalts, der Anerkennung und des gegenseitigen Respekts. Das Gefühl der Zugehörigkeit war für mich wie eine Medizin für all die Probleme, die ich vorher gehabt hatte. Der Islam war die Lösung. Alles, was mir dort vermittelt wurde, schien Sinn zu ergeben, weil alles, was ich davor erlebt hatte, in einer tiefen Verzweiflung geendet hatte.

Meine Eltern stammen aus der Türkei. Sie waren Kulturmuslime, große muslimische Feiertage wurden gefeiert, aber ansonsten waren sie säkular, überzeugte Laizisten, Atatürk-Anhänger. Mein Vater trank gerne Bier, das wollte er sich nicht durch irgendeine Frömmigkeit nehmen lassen. Meine Mutter trug Miniröcke, wenn ihr danach war. Wir hatten einen Koran, aber er diente uns nicht als Regelwerk, er war ein Schmuckstück, das auf dem Tisch herumlag. Für Islamisten hatten meine Eltern nur Verachtung übrig. Das waren für sie »diese Araber«, die aus der Wüste kamen und am besten dort bleiben sollten.

Meine Kindheit würde ich rückblickend als konfus bezeichnen. Ich wusste nicht, wer ich war und wohin ich gehörte. Nie war ich sicher, ob wir hierbleiben oder in die Türkei zurückkehren würden. Sollte ich Deutsch lernen oder nur Türkisch sprechen? Vor unserer Haustür lag eine für mich fremde Welt. Wie sollte ich mit ihr umgehen?

Mein Vater neigte zum Jähzorn. Auch wenn ich heute weiß, dass das die Folge von Überforderung, Hilflosigkeit und Angst war. Auch er hatte mit seinem Platz im Leben und in dieser Gesellschaft zu kämpfen. Das zu wissen macht die Tatsache, dass er uns schlug, nicht besser. Er tat das immer. Auch wegen Kleinigkeiten. Es war, als seien meine Geschwister und ich ein Ventil für den Druck, den er sonst nirgends loswerden konnte. Und da ich es von anderen türkischen Freunden nicht anders kannte, erschien es mir normal. Ich dachte, Schläge gehören zur elterlichen Liebe dazu.

Als ich in die Schule kam, wurde ich in eine sogenannte Ausländerklasse gesteckt, in der auf Türkisch unterrichtet wurde. Das Wort Gastarbeiter wurde ja nicht umsonst gebraucht. Wir waren Gäste. Damals dachte die Mehrheit deutscher Politiker noch, die Menschen kämen, arbeiteten hier ein paar Jahre und kehrten danach zurück in ihre Heimat. Deutschland sei schließlich kein Einwanderungsland, so ihre Begründung. Wozu Deutsch lernen? Wozu mit der Mehrheitsgesellschaft in Kontakt kommen? Jeder blieb so unter sich.

In dieser Klasse vermittelten uns die Lehrer nicht nur Mathe und Türkisch, sondern auch den Islam, der mich damals nicht sonderlich interessierte. Die Lehrer, die für den Unterricht extra aus der Türkei gekommen waren, sagten uns, wir sollten stolze Türken sein. Wir seien besser als die Menschen hier. Warum sie das sagten, verstand ich damals nicht. Ihre Worte trugen allerdings noch mehr zu meinem Gefühlschaos bei.

1978 beschloss die Regierung, einen »Beauftragten zur Förderung der Integration der ausländischen Arbeitnehmer und ihrer Familienangehörigen« zu berufen. Dies wurde der SPDler Heinz Kuhn, der in einem Memorandum feststellte, dass mit der Arbeitnehmeranwerbung eine unumkehrbare Entwicklung eingetreten sei und dass das Faktum der Einwanderung anerkannt werden müsse. Ich bekam davon nichts mit. Ich wunderte mich nur darüber, dass unsere türkische Klasse plötzlich aufgelöst und in deutsche Schulklassen verteilt wurde.

Schüchtern betrat ich am ersten Tag das Klassenzimmer. Wie die Kinder dort saßen: alle blond, mit blauen Augen. Wie Engel sahen sie aus. Wie unglaublich kluge Engel. Und ich? Stand da mit meinen schwarzen Haaren. Manche Kinder tuschelten, andere lachten. Ich muss auf sie gewirkt haben wie von einem anderen Planeten. Und irgendwie war ich das ja auch.

In der dritten Reihe am Fenster saß ein Mädchen, das, wie ich schnell herausfand, weil sie sich immerzu meldete, Bettina hieß. Sie war noch blonder als die anderen, noch schöner, noch klüger. In meiner Phantasie wurde sie zu meiner Freundin, lud mich zu sich nach Hause ein und ging mit mir auf den Spielplatz. In der Realität hingegen schenkte sie mir keine Sekunde Aufmerksamkeit. Sie schien mir unerreichbar.

Warum ich damals den deutschen Kindern mit solchen Minderwertigkeitskomplexen begegnete, verstehe ich bis heute nicht. Vielleicht weil sie für mich das waren, was ich mir immer gewünscht hatte: Sie hatten Eltern, die für sie da waren, sie sprachen natürlich perfekt Deutsch, wirkten selbstsicher, froh, glücklich, trugen bessere Kleidung als ich. Dies war ihr Land. Ich hatte hier nichts zu melden.

Ab der Sekunde, in der ich die neue Klasse betreten hatte, war ich: der Andere. Der, der nichts verstand. Eine leichte Beute, wenn man sich lustig machen wollte. Die schlimmsten Momente, an die ich mich erinnern kann, waren, wenn ich etwas vorlesen sollte und wusste, dass alle nur darauf warteten, mich auslachen zu können, weil ich einfach keinen einzigen deutschen Satz fehlerfrei vorlesen konnte. Ich fühlte mich gedemütigt, schämte mich so sehr. Kein Lehrer, keine Lehrerin ging je dazwischen oder ermahnte die anderen. Manche taten so, als merkten sie das Lachen meiner Mitschüler nicht, andere lachten mit. Dann folgte ein: »Entschuldigung, Malik, aber das musst du wirklich noch mal üben. Üben. Verstehst du?«

Als Kind entwickelt man soziale Überlebensstrategien. Meine war es, nach und nach die Sprechweise der Deutschen anzunehmen. Irgendwann war ich so gut, dass mich zumindest am Telefon keiner mehr als Ausländer identifizieren konnte. Da ich meinen Namen und meine schwarzen Haare aber nicht ablegen konnte und sie mich für immer verraten würden, dachte ich, ich müsse *noch* besser werden, deutscher, als es die Deutschen je sein würden.

Ich wurde ein guter Schüler, was nichts half. Als es darum ging, auf welche weiterführende Schule ich gehen sollte, sagte mein Klassenlehrer zu meinen Eltern: »Gymnasium, das schafft

Malik nicht.« Ich bat meine Eltern, mit dem Lehrer zu sprechen und dafür zu kämpfen, mich aufs Gymnasium zu schicken. Doch sie hatten Angst davor. Jede Begegnung meiner Eltern mit der deutschen Sprache war eine Begegnung zu viel. Sie fühlten sich so klein und dumm, weil sie kaum etwas verstanden, dass sie immer nur ja sagten. Widerstand, Einsatz für den eigenen Sohn: Fehlanzeige. Das Ergebnis: Ich kam auf die Hauptschule.

Meine Herkunft, die Türkei – das wurde mir so lange explizit und implizit vermittelt, bis ich es selbst glaubte –, war primitiv, unzivilisiert, unterentwickelt, traditionell. Und Deutschland, die Kultur, in der ich aufwuchs, war fortschrittlich, anspruchsvoll, mit einer Fußball-Nationalmannschaft gesegnet, die immer gewann. Selbst Griechen und Italiener beneidete ich, weil die wenigstens Weihnachten feierten. Das, so dachte ich, waren die besseren Kanaken. Ich gehörte zu denen ganz unten.

Auf der Suche nach einem Ort, an dem ich nicht fertiggemacht wurde und an dem ich meine Einsamkeit ausleben konnte, ohne entdeckt zu werden, fand ich die Bibliothek. Hier war ich geschützt, keiner redete mit mir, keiner lachte mich aus oder beschimpfte mich. Hier konnte ich mich hinter Büchern verstecken, bis die Bibliothek schloss.

Die Bücher nahmen mich mit in eine neue Welt, weit weg von der Realität. Von da an verbrachte ich jeden Nachmittag dort und sog alles auf, was mir interessant erschien: Bücher über die Erde, das Weltall, Science-Fiction-Bücher, Comics. Durch sie vergaß ich einen Moment, wer ich war. Neben der Sprache wurde die Bibliothek mein zweiter Weg zur Emanzipation.

Ich entwickelte ein Ziel, wollte Astronaut werden, ins Weltall fliegen, es allen zeigen. Doch dafür musste ich aufs Gymnasium. Also lernte ich wie ein Besessener – ich musste ja besser sein als alle anderen – und schaffte irgendwann tatsächlich den

Sprung, ohne dass mir irgendjemand geholfen hätte. Meine Noten waren einfach zu gut für Gegenargumente.

Morgens ging ich in die Schule und nachmittags in die Bibliothek, wo ich immer anspruchsvollere Bücher las. Ich lernte die Philosophen lieben, Schopenhauer und Nietzsche etwa. Damit, so dachte ich, konnte ich in der Gesellschaft punkten: ein Kanake, der Nietzsche zitieren konnte! Doch ich täuschte mich. So richtig dazu gehörte ich nie. Auch auf dem Gymnasium wurde ich gehänselt und ausgelacht, dort sogar verprügelt und bespuckt, alles aus Spaß. Weil man es mit mir machen konnte. Die wenigen, die mich mochten, sagten: »Du bist doch eigentlich ein Deutscher, Malik. Man muss dir doch nur zuhören.« Aber sie meinten es selbstgerecht, unsere Augenhöhe war so weit entfernt wie die Sonne zum Mond. Ich dachte, so hat Gott die Welt erschaffen: Da sind die blonden Deutschen, die ganz oben stehen, und hier bin ich, der sein Leben lang danach streben wird, ihnen so nah wie möglich zu kommen.

In der elften Klasse endete meine Astronautenkarriere. Ich flog von der Schule.

Ich hatte mich vor einem Lehrer auf einen Tisch gestellt und mit aller Inbrunst Prometheus vorgetragen, jenes Gedicht von Goethe, in dem sich Prometheus gegen die Herrschaft der Götter auflehnt. Während ich die Zeilen zitierte, sah ich meinem Lehrer in die Augen und irgendwann verstand er, dass er und der ganze Rest der Gesellschaft gemeint waren, als ich sagte:

»Ich dich ehren? Wofür?
Hast du die Schmerzen gelindert
Je des Beladenen?
Hast du die Tränen gestillet
Je des Geängsteten?«

Ich, der Türke, benutze den größten deutschen Dichter aller Zeiten, um ihm den Spiegel vorzuhalten. Mein Lehrer hielt das nicht aus, stieß mich vom Tisch, wobei ich ihn mit zu Boden riss und auf ihn fiel. Welch doppelte Demütigung. Er schrie nur: »Raus!« Und ich ging. Ein halbes Jahr wurden alle möglichen Schüler zu dem Vorfall befragt. Ich sollte aufschreiben, was passiert war, es wurden Sitzungen einberufen, Einzel- und Gruppengespräche geführt. Am Ende flog ich von der Schule. Das war wohl die einfachste Lösung.

Was folgte, war eine Lehre zum Maler und Lackierer. Meinen Eltern war das recht. Sie hatten das mit der Schule ohnehin nicht verstanden: »Warum Schule, Malik? Warum arbeitest du nicht?« Die Lehre hatte mein Vater für mich organisiert. Er kannte jemanden, der jemanden kannte, der Auszubildende suchte. Ich langweilte mich vom ersten Tag an, starrte aus dem Fenster, verlor mich in Tagträumen, wurde zum Chef gerufen, bekam Ärger und eine zweite Chance. Träumte weiter, bekam wieder Ärger, schwor, mich von nun an zusammenzureißen, und bekam eine letzte Chance.

Währenddessen verliebte ich mich in ein Mädchen, Meryem, schlau und wunderschön. Wir trafen uns heimlich im Park. Ich schrieb ihr Gedichte, jeden Tag eins, manchmal auch zwei. Ich hatte Gefühle, die ich noch nie zuvor empfunden hatte. Keine Sekunde ohne Sehnsucht, mein erster und letzter Gedanke am Tag galten ihr. Sie gab mir das Gefühl von Bedeutung. Wir kümmerten uns umeinander. Die Umarmungen, die Nähe, die Liebe, die ich zum ersten Mal spürte, erreichten jede Faser meines Wesens. Ein Leben ohne dieses Gefühl konnte und wollte ich mir nicht mehr vorstellen.

Das hatte Konsequenzen: Als wir ein halbes Jahr lang zusammen waren, machte mein Chef nicht mehr mit und schmiss mich raus. »Träum weiter, Malik. Aber bitte anderswo!« Zwei Wochen später sagte Meryem zu mir: »Ich kann nicht mehr warten. Wir können nicht mehr zusammen sein.«

»Was? Warum?« Es riss mir den Boden unter den Füßen weg.

»Es gibt andere, die um meine Hand angehalten haben.«

»Was?«

»Die haben Autos und einen Beruf. Was willst du meinen Eltern sagen, wenn du um meine Hand anhältst? Dass du arbeitslos bist? Mein Vater wird niemals ja sagen.«

»Ich …«

»Und was für ein Vater willst du für unsere Kinder sein? Was willst du uns bieten? Bist du ein gutes Vorbild?«

Meryem verließ mich. Ich zerbrach.

Ich sah nur noch Leere. Schwarze Leere. Ich versuchte, Auswege und Antworten zu finden. Welche Aufgabe hatte ich in diesem Leben? Welche Aufgabe hatte ich in diesem Land? Warum schien alles so ungerecht? Das Einzige, das mir klar war: Ich wollte Meryem zurück.

Ich ging in die Bibliothek. Dort nahm ich meine geliebten Philosophiebücher in die Hand, schlug sie auf – und fand keine Antworten. Da war keine Stimme, die mich an der Hand nahm und mir sagte, was ich tun und wohin ich gehen sollte. Dabei brauchte ich so dringend Antworten. Ich brauchte Orientierung und einen Weg aus der Dunkelheit.

Doch in der Philosophie enden Geschichten nicht. Es sind Religionen, in denen Geschichten einen Abschluss haben und Antworten liefern. Als ich das begriff, begann ich, mich mit verschiedenen Religionen zu befassen. Doch was sollte ich beim Judentum, wenn meine Mutter gar keine Jüdin war? Jesus fand ich cool, aber mir behagte die Dreifaltigkeit nicht. Mir gefiel die Idee von einem Gott, *dem* einen Gott. Allah. Ich erinnerte mich an meine Großmutter, die immer in den Himmel schaute und dabei Allah um dieses und jenes bat – und irgendwann, ganz unbewusst, lag ich abends in meinem Bett, schaute an die

Zimmerdecke und bat Allah um Hilfe, mir die Liebe meines Lebens zurückzugeben.

Hamza war ein türkischer Dönerbudenbesitzer. Abends, wenn ich es zu Hause nicht mehr aushielt, setzte ich mich bei ihm auf einen Stuhl und sah ihm bei der Arbeit zu. Einmal, ich muss besonders niedergeschlagen ausgesehen haben, fragte er mich: »Was trübt dein Herz, Bruder?«

»Ich finde keine Antworten.«

Dann erzählte ich ihm von der Schule, der Ausbildung und der Leere, die ich empfand, seit Meryem weg war. »Mein Leben ist ohne Sinn. Vielleicht ist es das schon immer gewesen.«

»Bruder«, antwortete Hamza, »ich weiß, wo du die Antworten auf deine Fragen findest. Hier.« Er fasste unter die Theke und streckte mir einen Koran entgegen. Das Buch, das bei uns zur Dekoration auf dem Tisch lag, sollte alle Antworten haben? »Das Buch ist nicht von Menschen geschrieben worden, Malik, sondern von Allah. Hier spricht Gott zu dir. Antworten findest du nur hier«, sagte Hamza. »In diesem Land wirst du immer unglücklich sein, weil du Muslim bist und weit weg vom Islam. Komm zurück, und du wirst Wunder erleben. Hier findest du Ruhe, Zufriedenheit, Liebe, eine Aufgabe und einen Sinn.« Hamzas Worte faszinierten mich. Sie machten mich neugierig und hoffnungsvoll. Wir verabredeten uns für den nächsten Tag in der Moschee.

Vom ersten Moment an fühlte ich mich in der Moschee aufgehoben. Niemand behandelte mich dort, als sei ich anders oder minderwertig. In der Gemeinde galt ich bald als der re-muslimisierte, als derjenige, der doch noch auf den richtigen Pfad gefunden hatte. Voller Dankbarkeit darüber, dass ich endlich etwas gefunden hatte, das sich wie Heimat anfühlte und wo ich nicht als Fremdkörper wahrgenommen wurde, merkte ich nicht, wie sehr ich manipuliert wurde. Immer wieder wurde mir gesagt, wie sehr uns die Mehrheitsgesellschaft hasse. Für mich war mein bisher gelebtes Leben der beste Beweis dafür. Wir waren die Opfer dieser Gesellschaft, sie war *uns* etwas schuldig, nicht andersherum. *Wir* hatten Deutschland aufgebaut, wie Tiere gearbeitet und waren trotzdem wie Sklaven behandelt worden. Ihren Wohlstand hatten die Deutschen mit den Händen unserer Eltern und Großeltern verdient, und trotzdem dachten sie, nur ihre Art und Weise zu leben sei die richtige. Sie hielten uns klein, weil sie Angst vor uns hatten. Sie wussten insgeheim, dass wir mächtiger werden würden, wenn wir den Islam richtig praktizierten. Die Erinnerungen an ihre eigenen Kreuzzüge waren im Bewusstsein eines jeden Politikers hier, deshalb wollten sie uns Demokratie und Kapitalismus verkaufen. Sie wollen uns dadurch entmachten.

Je mehr ich diese Gedanken verinnerlichte, desto mächtiger fühlte ich mich. Wie bitte? Die Deutschen hatten Angst vor uns, vor mir?

Der alte Imam mit seinem langen Bart war für mich wie ein heiliger Apostel. Er predigte: »Zahlt eure Steuern, seid gute Muslime, betet immer und redet nicht schlecht.« Und ich tat, was er sagte.

Neben dem Beten und Fasten und dem Bemühen, ein frommer Muslim zu sein, besuchte ich den Islamunterricht, las viel und träumte von einer Welt, in der alle Menschen islamisch lebten wie damals zu Zeiten des Propheten. Wie wir das erreichen wollten? Indem wir das Wort Gottes verbreiteten, vor allem unter den Muslimen, denn die Deutschen und die Europäer wollten uns ja fernhalten von unserer Religion. Sie taten alles, um den Islam zu bekämpfen. Davon waren wir überzeugt. Wir mussten den Muslimen ihre Identität zurückgeben, die sie in Europa verloren hatten. Nur so konnten wir irgendwann den

Westen in die Knie zwingen. Unvergesslich ist mir eine Rede, die ich damals in einer Moschee hörte. Der Imam wirkte sehr entschieden: »Liebe Geschwister, ich verspreche euch, nein, Allah verspricht uns: In 100 Jahren wird Deutschland islamisch sein. Nicht durch ein Schwert oder einen Kampf, nicht durch eine Armee, sondern durch euch, liebe Geschwister. Geht raus, holt die Muslime nach Hause. Wenn die Deutschen den echten Islam sehen, wenn sie sehen, wie glücklich ihr seid, werden sie folgen. Seid vorsichtig dabei, die Diener des Teufels werden es uns nicht leicht machen. Doch wir haben Allah auf unserer Seite. Wir werden gewinnen.« Mit »Diener des Teufels« meinte er alle, die den Islam bekämpften: die Medien, die Kapitalisten, die Kommunisten, die Sicherheitsorgane, die Juden, die Säkularen.

Während der Rede flüsterte mir mein Imam zu: »Wenn du mit Europäern sprichst, sei ein Fuchs. Erzähl ihnen all die schönen Dinge über Demokratie, Menschenrechte und Bildung, die sie hören wollen. Versuche, sie zu gewinnen. Versuche, sie mit ihren eigenen Waffen zu schlagen, mit ihrer Sehnsucht nach Moral, nach Multikulti. Doch du weißt genau wie ich, dass wir davon nichts halten. Wir wollen den Islam, und das werden wir auch schaffen.«

Innerhalb unserer Organisation stieg ich immer weiter auf. Irgendwann wurde ich zu einem unserer Funktionäre, der uns eloquent und ohne jeden Zweifel nach außen vertrat – ohne jedoch über unsere wahren Absichten zu sprechen. Ich war überzeugt. Ich sah darin keine Doppelmoral, denn ich gehörte zu einer Elite. Ich war besser als diese islamischen Verräter, die einen seichten Islam nach dem Willen des Westens lebten. Ich war auch besser als irgendwelche gewaltbereiten, dummen Islamisten. Und vor allem besser als die Deutschen mit ihrem verfehlten System. In der Öffentlichkeit redete ich alles schön. Es war legitim. Ich tat das für einen guten Zweck. Wir wollten den Islam langfristig zu einem wesentlichen Teil dieser Gesellschaft machen, damit unser Einfluss irgendwann so groß war, dass wir auch politisch die Ziele Allahs umsetzen konnten. Im Inneren nannten wir die Demokratie »Dämonkratie«. Nach außen benutzte ich Worte, die die Deutschen gerne hörten. Ich sprach beispielsweise viel von Integration, meinte damit aber ausschließlich eine strukturelle Integration. Diese bedeutete für uns, alle Ressourcen wahrzunehmen, die der Staat uns bot: Vereinsförderung, Projektgelder, die Möglichkeit, muslimische Kindergärten zu etablieren, Sozialleistungen. Wir machten Jugendcamps, boten Nachhilfeunterricht an, initiierten Schwimmtage nur für Frauen in städtischen Schwimmbädern. Wir hatten muslimische Hochschulgruppen und ausgezeichnete Verbindungen zur Lokalpolitik. Mitglieder von uns waren bei den Grünen und in der SPD. Wir waren unglaublich vernetzt, selbst in der Wirtschaft, wenn es beispielsweise darum ging, Handelsketten davon zu überzeugen, Halal-Fleisch, also geschächtetes Fleisch, zu verkaufen.

Das Ziel von Integration bedeutete für uns nicht, mit der Mehrheitsgesellschaft in Kontakt zu kommen, um ihre Ansichten zu teilen, sondern um unsere Forderungen durchzusetzen und gleichzeitig Muslime, so gut es ging, in unseren Netzwerken zu behalten.

Es ging uns bei Integration weder um Gleichberechtigung noch um die Förderung von kritischem Denken und Selbstbestimmung, noch um andere Werte der Demokratie. Ganz im Gegenteil, wir lehnten sie ab. Denn was waren das für Werte, die hier vorgelebt wurden? Alkoholismus, wohin das Auge reichte, geschiedene Ehen, Drogen, Vereinsamung, Depressionen. Wir nahmen alle Miseren dieser Gesellschaft und überspitzten sie, um den Zusammenhalt unter uns Muslimen zu stärken. Wir gegen die. Zumindest ich tat das aus voller Überzeugung. Für mich waren diese Miseren die Folgen eines unislamischen Lebens. Und so war es für mich inzwischen auch unvorstellbar, mich emotional in eine Gesellschaft zu integrieren, die sich juristisch, politisch und sozial nicht an Allahs Gesetze und Grundsätze hielt. Es gab kein Richtig im falschen System.

Unsere Organisation wollte sich in allen denkbaren Bereichen als Institution etablieren. Wir wollten präsent sein, mediale und politische Macht gewinnen. Dazu gehörte auch, Frauen zu vermitteln, einen Hijab zu tragen. Er war und ist das deutlichste Ausgrenzungsmerkmal gegenüber der nicht muslimischen Außenwelt. Ein Hijab war für uns nicht nur ein religiöses, sondern auch ein moralisches Zeichen für die Keuschheit der Frau als Abgrenzung zur westlichen Gesellschaft. Hier wurden die Körper von Frauen vermarktet in Form von Mode, Pornographie und Schönheit. Im Islam, das war unsere Überzeugung und Argumentation, war der Körper einer Frau vor jedweder sexueller, sozialer oder kommerzieller Ausnutzung geschützt. Insofern war es wichtig, dass Frauen ihre Körper bedeckt hielten. Wir wiederholten, wann immer es ging, der Westen solle sich lieber Gedanken über seinen Sexismus machen als über unsere Moral.

Das Gute am Hijab: Je mehr Frauen sich bedeckten, desto sichtbarer wurden wir Muslime und somit auch unser Einfluss und die Möglichkeit, islamische Ansprüche in diese Gesellschaft zu tragen – und wir sahen, wie unsere Arbeit fruchtete: Immer mehr Muslimas trugen ihn. Jede von ihnen war ein Gewinn, das uns unserem Ziel näher brachte.

Selbst meine Mutter missionierte ich, indem ich ihr sagte: »Schau, wie es uns in diesem Land geht. Schau, wie uns die

Menschen behandeln. Aber wir stehen darüber. Wir sind die besseren Menschen, weil wir uns für Allah entschieden haben. Allah ist Frieden. Ich schwöre dir, in dem Moment, in dem du anfängst, zu Allah zu beten, wirst du Frieden in deiner Seele finden.« Ein paar Wochen später fing sie an, einen Hijab zu tragen. Ich war so stolz auf sie.

Wenn wir gefragt wurden, warum wir denn im Westen seien, wenn er doch so schlimm sei, und nicht in unseren muslimischen Heimatländern, antworteten wir: »Diese Länder sind nicht islamisch. Sie versuchen, euch nachzumachen, und deshalb geht es uns nicht gut.«

Ich wusste, dass unsere Mission mehrere Generationen in Anspruch nehmen würde, aber wir legten das Fundament. Wir bauten die Schienen, die irgendwann zu der Gesellschaft führen würden, die im Koran genau beschrieben ist.

Wir gingen Schritt für Schritt vor. Und um nur zwei Beispiele unseres Erfolgs zu nennen: Inzwischen wird der Hijab im Westen als Zeichen der Emanzipation gefeiert. Inzwischen redet man in der Politik auch nur noch von Teilhabe, nicht mehr von Integration. Teilhabe aber bedeutet für uns: Wir bekommen mehr Macht.

Einmal sagte mein Imam zu uns: »Schaut, liebe Geschwister, wo wir vor dreißig Jahren waren, erniedrigt, Sklaven der Deutschen, und wo wir heute sind. Wir sind zu einer Macht geworden. Politiker suchen den Kontakt mit uns, Muslime wachen auf, kehren zu ihrer Religion zurück, Deutsche nehmen den Islam an. Wir wachsen, wir kommen unseren Zielen näher. Die Diener des Teufels kämpfen gegen uns, aber vergesst nicht, liebe Geschwister, sie haben uns ausgelacht und nicht daran geglaubt. Doch selbst Kinder der dritten und vierten Generation, weit weg von ihrem Ursprung, kehren zurück zu uns. Jahrzehnte westlicher Indoktrination haben es nicht geschafft, diese Menschen vom Islam zu entfernen. Allah sagte schon im Koran: Sie wollen Allahs Licht mit ihren Mündern auslöschen. Aber Allah wird sein Licht vollenden, auch wenn es den Ungläubigen zuwider ist.«

Immer mal wieder meldete sich eine leise Stimme in mir, die fragte, ob das, was ich machte, richtig war. Immer mal wieder hatte ich bemerkt, dass das, was gepredigt wurde, nicht für uns alle galt. So gab es anscheinend Muslime zweiter Klasse: Tschetschenen und Bosnier beispielsweise. Ich merkte, wie passiv meine Brüder waren, wenn es darum ging, ihnen zu helfen. Wir sammelten zwar Geld für sie, aber sprachen nie über die Konflikte in diesen Ländern und das Leid der Muslime dort. Das war für mich nicht der Islam, der mir gepredigt wurde und den ich verinnerlicht hatte. Vergaßen wir gerade, dass Menschen starben, nur weil sie Muslime waren? Warum brachten wir nicht die gleiche Fürsorge für sie auf wie für die Menschen hier? Wo war unser Herz? Wo unsere Solidarität?

Erst wurde ich wütender, dann radikaler. Mir reichte es nicht mehr, erst in 100 Jahren eine muslimische Herrschaft zu etablieren. Ich wollte gegen das Unrecht kämpfen, doch die Antwort, die ich vom Imam bekam, war: »Wir dürfen unsere Ziele jetzt nicht gefährden.« War es nicht unsere Aufgabe, den Muslimen zu helfen? Und zwar allen Muslimen? Jetzt sofort? Ich verstand die Welt nicht mehr.

Meine Wut bewegte mich dazu, meiner einst geliebten Gemeinde den Rücken zu kehren und mich einer radikaleren Gruppe anzuschließen. Ich war nur noch hasserfüllt und aggressiv. Doch Menschen sind komplex, selbst wenn sie Gefühle haben, die alles andere zu überlagern scheinen. Die leise Stimme in mir wurde lauter, denn auch in der neuen Gruppe machte ich ähnliche Erfahrungen: Je mehr ich mit ihnen zu tun hatte, je näher ich ihnen kam, desto mehr sah ich, wie weltlich sie waren – und wie doppelmoralisch. Sie redeten von Islam und Gerechtigkeit, aber kümmerten sich nur um sich, ihre Karriere, ihre Zukunft, ihre Bankkonten. Es wirkte, als sei der Islam für sie ein Beruf, den sie kapitalistisch betrachteten: Welche Handlung bringt den größten Gewinn?

Ich fing an, sie zu hinterfragen, und bekam gleichzeitig Angst vor meinem Zweifel an den Menschen, die ich für heilig gehalten hatte. Mehr und mehr distanzierte ich mich von der Gruppe und versuchte, meine Religiosität im Privaten zu leben. Doch weil dies nicht das Gleiche war, wie in einer Gemeinschaft zu sein, verließ ich die Gruppe nicht komplett. Es war ein ständiges Schwanken: In einem Moment erinnerte ich mich an meine Sehnsucht nach Freiheit, Liebe und Philosophie. Im nächsten Moment fragte ich mich, warum ich bleiben sollte, wenn diese Menschen genau das waren, was sie eigentlich ablehnten und bekämpften.

Zum endgültigen Ausstieg kam es, als ich herausfand, dass ein bedeutendes Mitglied meiner neuen Organisation einige hunderttausend Euro veruntreut und davon ein Haus für seine Zweitfrau gekauft hatte. Ich war erschüttert, versuchte, den Fall im großen Kreis zu besprechen, doch ich stieß auf taube Ohren. Das Netzwerk des Veruntreuers war nicht nur stärker, er schaffte es auch, so geschickt die Wahrheit zu verdrehen, dass am Ende ich als Verräter dastand. Gelernt ist gelernt. Ich musste gehen.

Ab dem Tag, an dem ich meine Gruppe verließ, konnte ich nicht mehr beten. Ich konnte keine Sure mehr aussprechen, war wie gelähmt. Ich kam bei meinen Eltern unter, die sich um mich kümmerten, ohne mir Vorwürfe zu machen, obwohl sie gesehen hatten, auf welchen Weg ich abgebogen war. Die Entzugserscheinungen hielten länger als ein Jahr an. Man kann sich nicht vorstellen, was die Ketten dieser Ideologie mit einem machen.

Ich hatte Schuldgefühle, wollte mit niemandem reden, niemanden sehen. Ich fühlte mich wie ein Verräter an der Religion, an der Sache und vor allem an Allah selbst. Ich hatte verloren. Ich hatte alle Prinzipien, an die ich geglaubt hatte, über Bord geworfen.

Noch länger als der Entzug dauerte es, mich von den Ängsten und Mechanismen, die diese Religion in mir installiert hatte, loszukommen. Was half, waren Bücher wie die von Hamed Abdel-Samad und anderen Autoren. Sie zeigten mir, dass ich nicht allein mit meiner Geschichte war. Sie gaben mir so viel Kraft, dass ich heute darüber reden – und aufklären – kann.

Wer in die Türkei schaut, sieht, was auch hier passieren kann, zumindest mit dem muslimischen Teil der Gesellschaft. 70 Jahre nach Kemal Atatürk ist die Hälfte der einst stramm säkularen Gesellschaft umgepolt, und wir stehen kurz vor einem Bürgerkrieg. Meine pessimistische Sicht: Diese Zeiträume kann man sich auch in Deutschland vorstellen, wenn sich diese Gesellschaft nicht noch mehr darüber bewusst wird, dass Integration keine Einbahnstraße ist – und vor allem auch, dass Bestrebungen, einen islamischen Staat in Deutschland zu etablieren, existieren. Vielleicht nicht im nächsten Jahr, vielleicht auch nicht im übernächsten. Der politische Islam ist ausdauernd. Und: Er ist Realität.

Das Versagen des Westens

Das Abendland hat das Morgenland und seine Menschen nie wirklich verstanden. Das Unwissen über Kultur, Mentalität, Werte und Glauben, gepaart mit Naivität und latenter bis offener Ignoranz hat zu einer Bevormundung und zu falschen Einschätzungen von Entwicklungen in dieser Region in allen Bereichen geführt, egal ob es die Tradition, die Religion, die politische Kultur oder die Wünsche der einfachen Menschen vor Ort betraf.

Die Versuche etwa, im Irak oder in Afghanistan die Demokratie auf Panzern zu servieren, sind mit verheerenden Folgen gescheitert. Besser wäre es gewesen, zunächst die dortigen Strukturen zu verstehen und dann die Bevölkerung in diesem Prozess zu begleiten, sprich: die notwendige Infrastruktur zu schaffen, die Bildungssysteme zu reformieren, die patriarchalischen Strukturen anzugehen und die allgemeinen Zustände zu verbessern, die Menschen mündig zu machen und vor allem religiöse faschistische Gruppierungen zu bekämpfen.

Die europäische Brille, die der Westen schon immer bei der Betrachtung des Morgenlands getragen hat, verzerrt nach wie vor die Betrachtung der Ereignisse und Menschen dort – und führt zu falschen Schlussfolgerungen. Genau diese Verzerrungen haben uns nach der Machtergreifung der Taliban in Afghanistan 2021 hoffen lassen, sie hätten sich vielleicht doch verändert, eine Demokratie nach unseren Vorstellungen sei möglich. Doch machen wir uns nichts vor: Afghanistan ist ein gebrochenes, dysfunktionales Land. Vergleichbares gilt für Gaza, Ägypten oder andere arabische Länder, in denen Demokratien durch Wahlen etabliert werden sollten. Es hat nicht funktioniert. Denn Gesellschaften und Kulturen, die den Prozess der Aufklärung nie durchlaufen haben – selbst wenn sie oft schon liberalere Zeiten gesehen haben –, die Zweifel auf familiärer und religiöser Ebene nicht zulassen, in denen undemokratische Familienstrukturen die Norm sind und in denen eine Religion dominiert, die danach strebt, zu herrschen, haben ganz andere Herausforderungen, als der Westen lange angenommen hat.

Ähnlich hoffnungsvoll wurden 2014 die AKP und Recep Tayyip Erdoğan bewertet, als dieser an die Macht kam. Gab es nicht sogar Politiker, die damals von der AKP als einer Art muslimischen CDU sprachen?

Und wie sieht die Realität aus? Es sind patriarchalische und religiöse Autoritäten, die in vielen Ländern das Sagen haben. Viele wollen Wohlstand, Freiheit und Demokratie genießen, aber nur unter Beibehaltung ihrer religiösen und patriarchalischen Vorstellungen, und das bedeutet, die Religion ist die wichtigste Instanz. Meinungsfreiheit hingegen wird als gefährlich wahrgenommen und muss deshalb begrenzt werden, ebenso wie die Freiheit der Frauen. Eine Demokratie, wie der Westen sie versteht, will nur eine Minderheit. Zweifelsohne sollten Freiheit und Menschenrechte nicht als exklusiv westlich betrachtet werden, und ja, sie sollen weiterhin Exportgedanken in Richtung Osten bleiben, erfüllen sie ja tiefe menschliche Bedürfnisse unabhängig von Herkunft, Religion oder Hautfarbe. Aber der Westen täte gut daran, wenn er bei der Unterstützung von demokratischen Bestrebungen die Umgebung neutral und nüchtern betrachten würde.

Doch nicht nur in der Außenpolitik kommt es immer wieder zu Fehleinschätzungen, auch mitten in Europa gibt es sie. Egal ob bei den Themen Integration oder Migration oder beim Umgang mit dem politischen Islam. Unsere Politiker schaffen es nicht, ihre westliche Brille abzunehmen, und die undemokratischen Akteure wissen mittlerweile, welche Codes und welche Worte sie benutzen müssen, um die Herzen der überforderten Politiker schneller schlagen zu lassen: Demokratie, Toleranz, Menschenrechte, Freiheit. Und wenn das nicht zum Ziel führt, klagt man über Rassismus oder macht sich theoretische Konzepte wie den Postkolonialismus zu eigen, um kritische Stimmen zu unterdrücken.

Mit unserem beschränkten Blick versuchen wir in Europa auch immer noch, dem Islam unsere kirchlichen Strukturen aufzuzwingen, und wundern uns, dass dies nicht wirklich funktioniert. Doch es gibt im Islam keine feste Autorität wie beispielsweise den Papst. Allah und seine Propheten sind die Oberhäupter aller Muslime, und alle Muslime sind vor ihnen gleich. Da weder Allah noch seine Propheten heute befragt werden können, sprechen sie nur durch den Koran und die Aussagen der Propheten zu ihnen. Das wiederum hat dazu geführt, dass diese Aussagen im Laufe der Jahrhunderte unterschiedlich interpretiert worden sind und sich daraus viele unterschiedlichen Gruppen innerhalb des Islam entwickelt haben, die sich in ihrer Gesamtheit nicht auf einen oder zwei Ansprechpartner einigen können – und auch nicht wollen.

Wer nun beim Umgang mit dem Islam aber die Gleichstellung zur Kirche sucht, der gerät bei der Suche nach Repräsentanten an diejenigen, die am auffälligsten, am lautesten und häufig auch am besten vernetzt sind. Das Problem: Genau diese Muslime haben oft gar kein Interesse an Integration, Modernisierung und Liberalisierung.

Um die Denkfehler der Politik mit einem Beispiel zu beschreiben: Vor einigen Jahren gründete die CDU eine Arbeitsgruppe, die aus Wissenschaftlern, Experten und Politikern bestand und deren Ziele Islamismusprävention und Deradikalisierung waren. Auch ich war Teil dieser Gruppe. Bei den Treffen ging es um Themen wie die Imamausbildung, den Umgang mit religiösen Autoritäten aus dem Ausland, dem Kopftuch bei Kindern, den Umgang mit den islamischen Verbänden und vielem mehr. In den Diskussionen stellten wir immer wieder fest, wie negativ sich die Einflussnahme des politischen Islam auf die besprochenen Themen auswirkte. Deshalb bereiteten wir eine Reihe von Vorschlägen vor und baten das Innenministerium um ein Gespräch mit dem damaligen Innenminister Horst Seehofer. Die Vorschläge reichten von einer Karte mit Vereinen, die nachweislich Kontakte zu islamistischen Vereinigungen haben (nach österreichischem Vorbild), über die Verhinderung von Hasspredigten und Geldströmen aus dem Ausland bis hin zu wissenschaftlichen Analysen zu dem Thema und vieles weitere mehr.

Bei unserem Gespräch mit Horst Seehofer merkte ich schnell, wie wenig Ahnung er vom politischen Islam hatte. Er kannte weder die Strukturen noch die Akteure, obwohl er sich in den letzten Jahren massiv mit dem Thema Islam beschäftigt hatte. Gespräche mit DITIB oder dem Zentralrat der Muslime stellten für ihn beispielsweise einen »Dialog mit dem Islam« dar. Den Einwand, Gespräche mit Akteuren, die der Muslimbruderschaft nahestehen, seien für sie eine Art von Legitimation, konnte er nicht verstehen.

Stattdessen äußerte er seinen Unmut darüber – und das tat er nicht nur einmal –, dass die Muslime nicht in der Lage seien, sich auf einen Ansprechpartner zu einigen, der *alle* Muslime repräsentiert. Gleichzeitig wunderte er sich, dass eine Einladung von Person X immer zu einer Beschwerde der Personen Y und Z führte und andersherum. Für Seehofer schien das größte Problem in Bezug auf den Islam, welche Person er auf das nächste Sommerfest einladen konnte, um den Islam dort zu repräsentieren.

Am Ende entschied sich das Innenministerium, eine Expertenrunde zu gründen, die das Innenministerium offiziell beraten sollte. Warum es dafür eine neue Expertenrunde brauchte, verstehe ich bis heute nicht. Und ich frage mich auch, warum diese so aufgestellt wurde, dass fast die Hälfte der Experten, die berufen wurden, entweder mit Akteuren des politischen Islam verkehrten, das Problem als solches relativierten oder den Begriff »politischer Islam« ablehnten. Jegliche Entwicklung einer konstruktiven Gruppendynamik war durch diese Zusammensetzung im Keim erstickt worden.

Ähnlich wie beim Wunsch nach *dem* einen Repräsentanten, weil wir das so kennen, verhält es sich bei Kopftuch, Burka und religiösen Erziehern – wir betrachten sie mit unseren europäischen Augen. Als beispielsweise in der Schweiz die Volksinitiative »Ja zum Verhüllungsverbot« diskutiert wurde, kämpften die Frauen der Sozialdemokratischen Partei der Schweiz (SP Frauen) für »ein feministisches Nein«. Sie argumentierten, es gehe beim Burkaverbot nicht um Frauenrechte, sondern darum, antimuslimische Ressentiments zu schüren. Dazu schrieben sie: »In Solidarität mit unseren muslimischen Schwestern stellen wir uns gegen islamophobe Kreise, welche unter dem Deckmantel der Gleichberechtigung Frauen mit Kleidervorschriften bevormunden möchten.«[17] Die Naivität, mit der Teile des neuen Feminismus dem Islamismus begegnen, ist erschreckend. Aus westlicher Perspektive mag es inakzeptabel sein, einer Frau vorzuschreiben, was sie anzieht oder nicht. Doch eine aus religiösen Gründen getragene Burka ist genauso wie ein aus religiösen Gründen getragenes Kopftuch nicht irgendein Stück Stoff. Sie sind keine Kleidungsstücke, die heute an- und morgen abgelegt werden können. Ihr Tragen ist Ausdruck eines religiösen Prinzips. Es basiert auf einer weltanschaulichen Einstellung, auf einer fixierten Vorstellung vom Körper der Frau und des Begehrens des Mannes. Allerdings scheinen diese Zusammenhänge in ihrer vollen Tragweite wenig bekannt, betrachtet man die öffentlichen Debatten darüber.

Das Gebot, sich als Frau zu verhüllen, wird vor allem mit drei Textpassagen des Korans begründet und ist entstanden durch die Annahme, Allah habe dem Propheten Mohammed befohlen, dies den Frauen aufzutragen.

Sure 24, Vers 31 beginnt so: »Und sage den gläubigen Frauen, dass sie ihre Blicke senken und ihre Keuschheit wahren und ihre Reize nicht zur Schau stellen sollen, außer was (anständigerweise) sichtbar ist; und dass sie ihre Tücher über ihren Busen schlagen und ihre Reize nur ihren Ehegatten zeigen sollen. Und sie sollen ihre Beine nicht so schwingen, dass Aufmerksamkeit auf ihre verborgene Zierde fällt.«

In Sure 33, Vers 53 steht: »Und wenn ihr die Gattinnen des Propheten um etwas bittet, das ihr benötigt, dann tut das hinter einem Vorhang hervor! Auf diese Weise bleibt ihr und euer Herz rein.«

Und in Sure 33, Vers 59 schließlich: »Sage deinen Frauen und deinen Töchtern und den Frauen der Gläubigen, dass sie etwas von ihrem Übergewand über sich ziehen sollen. So werden sie eher erkannt und daher nicht belästigt.«

Keine Frage, alle drei Verse lassen viel Raum für Interpretation, und gewiss muss man darunter nicht verstehen, dass Frauen eine Burka oder ein Kopftuch tragen müssen. Doch die Mainstream-Theologie, wie sie heute von den meisten muslimischen Männern verstanden wird, geht mindestens von einer Kopftuchpflicht für erwachsene Frauen aus. Da stellt sich für mich die Frage: Wenn die Theologie von einer Pflicht spricht, wie kann die Entscheidung, ein Kopftuch zu tragen, für eine Frau aus den entsprechenden Communitys komplett frei sein? Vor allem in Anbetracht dessen, dass sie, wenn sie der Forderung nicht Folge leistet, von Allah bestraft wird und ihr Haar nach dem Tod in der Hölle brennen wird – ein angsterregender Gedanke. Und das soll Feminismus sein? Das soll Freiheit sein? Man muss schon viel Phantasie, Ignoranz und Naivität an den Tag legen, um das so zu interpretieren.

Der Denkfehler der Feministinnen ist, alles europäisch zu betrachten: Da heutzutage jede Frau selbst entscheiden kann, was sie anziehen will und was nicht, ergibt ein Verbot aus ihrer Sicht kein Sinn. Für sie ist ein Verbot eine Begrenzung der persönlichen Entscheidung einer Frau. Doch die meisten der Kopftuchträgerinnen entscheiden nicht selbstbestimmt. Sie sind Teil eines Systems, das Frauen systematisch unterdrücken, ihre Sexualität und ihre Körper kontrollieren will und das Tragen des Kopftuchs als Ausdruck der Religiosität betrachtet.

Anderes Beispiel, gleiches Thema: eine Kampagne gegen Hassrede des Europarats Ende 2021. Als Teil dieser Kampagne waren unter anderem mehrere Social-Media-Beiträge veröffentlicht worden, auf denen zweigeteilte Bilder junger Frauen zu sehen waren: die eine Hälfte mit Kopftuch, die andere ohne. Der Text dazu lautete: »Beauty is in diversity as freedom is in hijab« – »In der Vielfalt liegt die Schönheit, so wie Freiheit im Hijab.« Die Kampagne sorgte in vielen europäischen Ländern, aber vor allem in Frankreich, für heftige Kritik. Der Sprecher der französischen Regierung Gabriel Attal sagte beispielsweise, die Kampagne widerspreche dem gesunden Menschenverstand, weil man Religionsfreiheit nicht mit der faktischen Förderung eines religiösen Symbols verwechseln dürfe. Ein solcher identitärer Ansatz stehe im Widerspruch zur Gewissensfreiheit, die Frankreich in allen europäischen und internationalen Foren unterstütze. Die französische Politikerin Laurence Rossignol sagte: »Daran zu erinnern, dass es Frauen freisteht, den Hijab zu tragen, ist eine Sache, doch zu sagen, dass er Freiheit bedeute, ist eine andere.«[18]

Nachdem immer mehr Kritik laut wurde, zog der Europarat die Kampagne zurück und erklärte: »Wir werden eine bessere Präsentation dieses Projekts in Betracht ziehen.«[19]

Der Europarat, die 1949 gegründete Organisation für Menschenrechte in Straßburg, ist nicht gleichzusetzen mit der Europäischen Union, doch die EU hatte die Kampagne gegen Hassrede mit 340 000 Euro gefördert. Bemerkenswert hierbei: Ausschlaggebend für die Social-Media-Beiträge der Kampagne war ein Workshop gewesen, der im September 2021 vom Europarat mit mehreren NGOs abgehalten worden war. Unter anderem mit dem Forum europäischer muslimischer Jugend- und Studentenbewegungen (Femyso).[20] Zu ihm schreibt der baden-württembergische Verfassungsschutz, es sei die Dachorganisation für die Jugendarbeit der Muslimbruderschaft (MB). Außerdem: »Auf europäischer Ebene fungiert das MB-nahe FEMYSO als Interessenvertretung von muslimischen Jugendlichen und Studenten. Seine nationalen Mitgliedsorganisationen dienen der MB als Rekrutierungspool für spätere Führungspersönlichkeiten in Europa und den einzelnen Ländern (…). Die meisten Mitglieder in solchen Jugend- und Studentenorganisationen sind sich der personellen Verflechtungen mit der MB wahrscheinlich nicht einmal bewusst. Dennoch können gesellschaftliche, kulturelle oder sportliche Vereinstätigkeiten, die von MB-nahen Akteuren veranstaltet werden, eine islamistische Indoktrinierung begünstigen.«[21]

Ich halte es für problematisch, dass die Akzeptanz für das Kopftuch mit Steuergeldern finanziert wird. Noch problematischer ist es, wenn man das in Zusammenarbeit mit einer Gruppierung tut, die als Dachorganisation für die Jugendarbeit der Muslimbruderschaft verantwortlich ist. Auch wenn der Europarat diese Kampagne letztlich gestoppt hat, muss man sich die Frage stellen, wie es immer wieder zu solchen Förderungen kommt. Wie so oft wird hier ein Muster deutlich, bei dem manche Organisationen durch ihre Aktionen Integration verhindern, nur um sich dann als Partner im Kampf gegen Radikalisierung anzubieten und durch Fördergelder noch mehr Macht und Einfluss zu bekommen.

Was uns die Geschichte lehrt

Die Geschichte Europas zeigt, dass die Politik die Basis für das Versagen im Umgang mit dem politischen Islam geschaffen hat. Nicht aus selbstzerstörerischem Willen, gleichwohl mit voller Absicht. In Deutschland trugen die 1970er Jahre entschieden dazu bei: Mit aller Macht wurden muslimische Einwanderer und vor allem auch Gastarbeiter als Fremde betrachtet, als Besucher, die hier keine Wurzeln schlagen sollten, weil sie wieder nach Hause gehen würden. Man bot ihnen keine Perspektiven. Man interessierte sich nicht für Integration, schon gar nicht für Inklusion. Im Gegenteil: Man brachte zum Beispiel Akteure aus der Türkei nach Deutschland, um den türkischen Gastarbeitern Religion, Kultur und türkischen Nationalismus zu vermitteln.

Für diejenigen, die heute verlangen, Migranten sollten sich doch bitte schön in die deutsche Gesellschaft integrieren, war Integration damals ein Fremdwort. Und so waren es Konservative, die dem Islamismus die Tür öffneten, auch weil sie Parallelgesellschaften nicht als Risiko, sondern als Chance für eine baldige Rückkehr der Fremden in ihre Heimatländer wahrnahmen.

Doch die Gastarbeiter kehrten nicht zurück. Das stellte auch die Politik irgendwann fest.

Die Naivität der Politik setzte sich in den 1990er Jahren fort, als das Wählerpotenzial der Eingewanderten erkannt wurde und man versuchte, bei ihnen auf Stimmenfang zu gehen. Jetzt wurden Vereine und Organisationen unterstützt und gefördert, die nach außen aufgeschlossen auftraten, nach innen aber die demokratische Grundordnung ablehnten. Diese Organisationen wurden im Bereich Politik, Bildung, Prävention, Integration und innerhalb des interreligiösen Dialogs zu Partnern.

Selbst die Anschläge vom 11. September 2001 wusste der politische Islam für sich zu nutzen, auch wenn er nicht direkt dafür verantwortlich war. So spielte etwa die Langzeitstrategie des Terrornetzwerks al-Qaida, das sich zu den Anschlägen bekannt hatte, dem politischen Islam in die Karten, denn damals war es al-Qaida nicht nur um Zerstörung und Tötung gegangen, sondern auch um eine langfristige Spaltung der Gesellschaft. Das Terrornetzwerk ging davon aus, dass die weltweite Muslimfeindlichkeit durch die Attentate in den USA steigen würde und viele Muslime dadurch empfänglicher für islamistische Anwerbungsversuche würden. Sie sollten recht behalten: Zunächst kam es zu einer Überforderung des Westens im Umgang mit Muslimen. Vorurteile und Skepsis wuchsen, das Vertrauen in muslimische Institutionen wurde in Frage gestellt, Moscheen wurden beobachtet. Das war zum Teil notwendig, traf aber häufig nicht die Richtigen. Viele Muslime merkten, wie die Mehrheitsgesellschaft auf Distanz zu ihnen ging. Der politische Islam nutzte diese Vorbehalte, um die Muslime auf seine Seite zu ziehen. Es hieß: Wir kämpfen für euch. Gleichzeitig präsentierte sich der politische Islam als Gegner von Gewalt und als Opfer der Vorurteile, was dazu führte, dass er langfristig zum wahren Nutznießer der Anschläge wurde. Inwiefern?

1. Aus Interesse am Islam und islamischen Themen wurden Akteure des politischen Islam zu Dialogpartnern für die Politik, denn man griff bei der Suche immer wieder auf bereits organisierte Strukturen zurück. Man führte Gespräche mit ihnen, man lud sie zu Veranstaltungen und Beratungsgesprächen ein. Und so konnten sie Überzeugungsarbeit leisten, viele Politiker für sich gewinnen und dadurch mehr Macht erlangen.
2. Ebenjene Organisationen des politischen Islam wurden auch zu Partnern bei der Bekämpfung von Dschihadisten, weil sie sich immer wieder von Terror und Gewalt distanzierten. So konnten sie in den Bereichen Prävention und Deradikalisierung aktiv werden und bekamen dadurch mehr Möglichkeiten der Einflussnahme auf muslimische Jugendliche.
3. Infolge von rechtsextremem Terror und der Rassismusdebatte bekamen Organisationen des politischen Islam mehr Fördergelder und konnten so im Namen von Toleranz und Vielfalt ihre Ideologie weiter verbreiten. Die Bereitschaft, sich kritisch mit den besagten Organisationen auseinanderzusetzen, nahm aus Angst, als islamfeindlich oder rassistisch dazustehen, massiv ab.

Der 11. September und seine Folgen offenbaren die Planlosigkeit des deutschen Staates gegenüber dem Islam – sowohl was die Sicherheitsarchitektur angeht als auch den politischen Umgang damit. Es war kaum Wissen über den Islamismus, seine Strukturen, Gruppierungen und Narrative vorhanden. Die

Terroristen rund um Mohammed Atta, einen der Todespiloten vom 11. September, der in Hamburg gelebt und studierte hatte, hatten in Deutschland problemlos organisieren, planen und anwerben können, ohne dass die Sicherheitsorgane in der Lage gewesen wären, dies zu entdecken.

Selbst nach unzähligen Veranstaltungen und Islamkonferenzen, nach Hunderten von Büchern und Studien sind wir heute nicht viel schlauer. Ja, inzwischen werden Dschihadisten gut erkannt, ebenso Strukturen und Finanzbewegungen. Doch beim Umgang mit dem Mutterschiff, der Basis, auf dem auch die gewaltbereiten Islamisten aufbauen, sind wir immer noch unwissend. Der Begriff »politischer Islam« ist in der Debatte umstritten, weil er, wie Kritiker sagen, zu vage sei und Muslime, die sich politisch engagierten, damit unter Generalverdacht stelle. Doch dies führt wieder nur zu Debatten über Begrifflichkeiten, anstatt die Ideologie zu thematisieren, sie zu entschlüsseln und gegen sie vorzugehen. All das steckt noch immer in den Kinderschuhen. Auch beim Umgang mit der Ideologie und ihren Akteuren wird keiner durchdachten Strategie gefolgt. Im Gegenteil: Manche Vereine und Organisationen werden sogar zu Partnern gemacht. Man glaubt, man könne sie zum Besseren bewegen, wenn man nur genügend Dialoge mit ihnen führt.

Bestes Beispiel dafür ist DITIB (Die Türkisch-Islamische Union der Anstalt für Religion), die größte sunnitisch-islamische Organisation in Deutschland. Spätestens nach dem gescheiterten Putschversuch in der Türkei 2016, als Teile des türkischen Militärs versuchten, den Staatspräsidenten Erdoğan und die Regierung gewaltsam zu stürzen, müsste jedem klargeworden sein, dass DITIB der verlängerte Arm des Erdoğan-Regimes und nicht nur ein religiöses, sondern auch ein politisches Netzwerk ist. Denn direkt nach dem Putschversuch wurden Teile des DITIB-Netzwerks in Deutschland genutzt, um für die türkische Regierung zu spionieren und Propaganda zu betreiben. Es gab Spionageaffären, Hetze gegen Gegner und sogar Verfolgung.

Trotzdem versucht DITIB noch immer, deutsche Politiker davon zu überzeugen, dass sie unabhängig sei und es auch liberale Kräfte unter ihren Mitgliedern gebe. Doch wer sich das Gesamtbild von DITIB anschaut, sieht sehr deutlich, dass die Imame, die Freitagspredigten und das gesamte Netzwerk in den Händen der türkischen Regierung liegen, die wiederum der Ideologie der Muslimbrüder folgt und militärisch wie auch diplomatisch enge Kontakte zu Katar pflegt, das schon lange als die spirituelle Heimat der Ideologie der Muslimbruderschaft gilt. Die türkische Regierung verfügt zudem über Kontakte zur Terrororganisation Hamas, und viele Anhänger der Muslimbrüder aus Syrien und Ägypten haben in der Türkei Schutz gefunden. Sie versuchen, von dort aus ihre Organisationen zu leiten oder zu unterstützen. Auch viele Rundfunksender, die auf Arabisch senden und der Muslimbruderschaft nahestehen, senden aus der Türkei.

Umso verwunderlicher ist zum Beispiel die Entscheidung des Bildungsministeriums in Nordrhein-Westfalen, DITIB zum Partner für den Islamunterricht an staatlichen Schulen zu machen. Statt DITIB in ihren Handlungen zu begrenzen, hofiert man sie und ermöglicht ihren Akteuren einen Zugang zu Schulen – um sich in ein paar Jahren dann wieder zu wundern, warum es mit der Integration nicht klappt.

Warum die Linken ein Geschenk für den politischen Islam sind

Zu den größten Unterstützern des politischen Islam zählen heute ideologisierte Linke. Mit den ursprünglich linken Ideen – Universalität, Individualität, Gerechtigkeit und Religionskritik – haben sie nicht mehr viel zu tun. Sie betreiben Identitätspolitik und reden über Postkolonialismus, kämpfen aber eigentlich nur für ihr Image. Sie sind überzeugt davon, moralisch überlegen zu sein. Sie führen einen Kampf gegen Andersdenkende – nein, ich meine hier nicht Rechtsradikale, sondern alle, die von ihren Ansichten abweichen. Denjenigen, die sie zu Gegnern erklären, wird die Legitimität abgesprochen, Teil des Diskurses sein zu können.

An Flüchtlingen, Muslimen oder Menschen mit Migrationsgeschichte haben sie nur insoweit Interesse, als dass sie mit ihrer Solidarität ihre Moral zur Schau stellen. Hätten sie ein echtes menschliches Interesse an den Menschen, würden sie sie als gleichwertige Mitglieder dieser Gesellschaft und als Individuen wahrnehmen und nicht als Mitglieder einer bestimmten Gruppe. Sie würden Menschen sehen, die heterogen sind, die eine Bereicherung sein können – aber eben auch eine Herausforderung. Doch nein, Migranten müssen paternalistisch als Kuscheltiere vor sich selbst und vor den Rechtsextremen geschützt werden, koste es, was es wolle. Und so verhindern die ideologisierten Linken Diskussionen über Missstände in diesen Gruppen und nehmen nicht nur Frauen, die in ihrer Selbstbestimmung eingeschränkt werden, oder Kinder, die kein gesundes Verhältnis zu ihrem Körper entwickeln, als Kollateralschäden in Kauf.

Doch was passiert, wenn die Realität politisch inkorrekt ist? Darf das sein? Das folgende Beispiel zeigt die Schieflage in der sachlichen Auseinandersetzung mit bestimmten Themen: Bei einem Telefoninterview, das ich einem Journalisten Ende 2021 zum Thema Integration gab, erwähnte ich die hohen Zahlen an Corona-Patienten mit Migrationshintergrund. Sofort bemerkte ich das Unbehagen am anderen Ende der Leitung. Ich verstehe das. In einer zunehmend schwarzweiß geführten Debatte will man als Journalist nicht derjenige sein, der den Falschen die Argumente für ihren Hass, ihre Vorurteile und ihren Rassismus liefert. Doch wem sind wir verpflichtet? Der Moral oder der Wahrheit? Ist es die Aufgabe eines Journalisten, die Wahrheit kritisch abzubilden, oder geht es darum, die Realität so zu interpretieren und darzustellen, dass jede Möglichkeit, daraus Rassismus oder Vorurteile abzuleiten, im Keim erstickt wird?

Eindimensionalität, Verzicht auf Komplexität und Blasendenken: Diese Mechanismen führen besonders seit der Corona-Krise zu mehr und mehr Polarisierung in unserer Gesellschaft. Prozesse, die man auch schon seit einigen Jahren in der Diskussion rund um das Thema Migration beobachten kann. Umso nachvollziehbarer, dass Migration und Corona zusammen eine explosive Mischung ergeben. Während die eine Seite eingeschüchtert und unabhängig von Fakten nach einer politisch korrekten Antwort sucht, weil sie mal wieder beweisen will, moralisch auf der richtigen Seite zu stehen, nutzt die andere Seite die Sprachlosigkeit und das Unbehagen, um daraus ihre Feindbilder zu bestätigen und die Migranten für die gesamte Pandemie verantwortlich zu machen.

Beide Ränder behandeln Migranten und Muslime als Objekte, aber nicht als gleichberechtigte Bürger. Beide behandeln sie als homogene Gruppe. Beiden geht es nicht darum, etwas an den Herausforderungen oder an den Problemen dieser Menschen zu verbessern. Die Leidtragenden sind die Migranten, die als Intensivpatienten behandelt werden müssen.

Doch um Ursachen für Missstände zu finden und daraus zu lernen, muss man auch unbequeme Wahrheiten benennen. Denn nur wer alle Aspekte beleuchtet, kann wirksame Strategien entwickeln, die Menschenleben retten können. Im Zusammenhang mit Covid-19 ausschließlich von Sprachbarrieren und sozioökonomischen Gründen wie den Arbeitsbedingungen und Wohnverhältnissen zu sprechen ist nur der eine, der bequeme Teil der Wahrheit. Doch ist das die gesamte Realität? Glaubt jemand heute wirklich noch, dass es nach einem Jahr weltweiter Pandemie noch Menschen gibt, die von Corona und Hygieneregeln nichts mitbekommen haben? Braucht man dazu wirklich Deutschkenntnisse, um die akute Lage zu verstehen? Ich meine nein.

Zum unbequemen Teil der Wahrheit gehören enge kollektivistische Familienstrukturen, die zwar Zusammenhalt schaffen und Unterstützung für die einzelnen Mitglieder anbieten, aber in einer Pandemie auch zum Risiko werden können. Große Familien bedeuten mehr Kontakte, mehr Begegnungen, und das wiederum bedeutet ein höheres Ansteckungsrisiko. Zum unbequemen Teil der Wahrheit gehört auch das kulturell bedingte Verständnis von Gesundheit und Krankheit. Über bestimmte körperliche Beschwerden zu sprechen ist schambesetzt. Zum Arzt geht man nur, wenn man es nicht mehr aushalten kann. In vielen Ländern sind regelmäßige Vorsorgeuntersuchungen keinesfalls gewohnte Praxis. Ebenso können auch bestimmte Vorerkrankungen wie Diabetes, Übergewicht oder Herz-Kreislauf-Erkrankungen, die sich auf den Verlauf einer COVID-19-Erkrankung ungünstig auswirken, mit einem kulturellen Lebensstil in Verbindung gebracht werden: zu viel fettiges oder süßes Essen, zu wenig Bewegung.

Letztlich spielt auch das Verhältnis zum Rechtsstaat eine Rolle. In vielen autoritären Staaten besteht dieses aus Misstrauen und führt dazu, dass staatlich angeordnete Maßnahmen und Regeln weniger konsequent eingehalten werden.

Dieses ganze Wissen ist kein Geheimnis. Man könnte es nutzen, um etwas zu verändern. Dafür müssen wir die gesamte Situation aber offen und ohne Tabus besprechen. Verdrängung hilft definitiv nicht.

Ebenso wenig hilft es, jeglichen Diskurs über den politischen Islam wohlwollend und paternalistisch als antimuslimischen Rassismus abzutun. Das ist der bequeme Weg, auf dem die identitätspolitischen Linken übersehen, dass ihre Ideologie genauso wie die Islamisten in Ihr und Wir, in Unterdrücker und Unterdrückte einteilt. Für sie gehören Muslime in Europa zu den Unterdrückten, die vom weißen Europa gezwungen werden, ihre Identität und ihren Glauben aufzugeben. Deshalb neigen sie dazu, Muslime pauschal in Schutz zu nehmen und ihnen sichere Räume, sogenannte Safe Spaces, zu ermöglichen. Integration lehnt diese Ideologie als kolonialistisches Instrument ab. Sie interessiert sich nicht für Individuen, sondern für Gruppen – genau das, was der politische Islam braucht, um mehr freie Räume zu bekommen. Warum das ein Problem ist, zeigt sich an dem Begriff Teilhabe, der die Integration fast abgelöst hat. Wenn heute noch von Integration gesprochen wird, dann nur im Sinne einer Bringschuld – und zwar einer Bringschuld der Mehrheitsgesellschaft. Nach dem Motto: Wenn die Mehrheitsgesellschaft diese Menschen bedingungslos akzeptiert, Vielfalt als Bereicherung begreift und den neuen Bürgern Teilhabe ermöglicht, kommt die Integration von ganz alleine. Versuche von Wertevermittlung oder der Förderung dieser Menschen werden als rassistisch abgetan. So haben mir zum Beispiel Mitglieder der Grünen Jungend mehrmals schon gesagt: Wenn wir diesen Menschen unsere Werte aufzwingen, dann gehen wir davon aus, dass ihre Werte nichts wert sind.

Der Kampf gegen Rassismus ist von fragwürdigen Thesen vereinnahmt worden. Anstatt für mehr Gleichberechtigung und den Abbau von Vorurteilen zu kämpfen, werden eine radikale Ideologie verfolgt und alte Vorurteile erneut verbreitet. Die ideologisierte Linke teilt die Welt ein nach Farben, Herkunft, Geschlecht, Religionszugehörigkeit und nach Minderheiten und Mehrheiten. Sie sieht nicht das Individuum, dessen Einstellungen oder Taten. Sie kategorisiert, homogenisiert, steckt in Schubladen und tut das, was Rassisten auf der anderen Seite genauso tun. Eine echte individuelle Betrachtung, eine Suche nach der Wahrheit, eine Neugier auf unterschiedliche Perspektiven sind in dieser Gruppe nicht vorhanden. Hier hat Solidarität mit Sachverstand nichts mehr zu tun. Solidarität wird nur dann gezeigt, wenn die Täter ins Feindbild passen. Selbstreflexion, sachliche Auseinandersetzung mit einem Vorfall: Fehlanzeige.

Sie erfährt dabei kaum Widerstand. Nicht von der Bundeszentrale für politische Bildung, nicht von der Politik und leider auch nicht von der Bundesregierung. Ein Beispiel: Der Kabinettsausschuss zur Bekämpfung von Rechtsextremismus und Rassismus erarbeitet umfangreiche Maßnahmen und vergisst dabei, den Kampf gegen Islamismus sowie Rassismus innerhalb von Minderheiten zu erwähnen – genau der identitätspolitischen Logik folgend.

Der Ansatz, Rassismus als universelles Phänomen zu betrachten, wird komplett abgelehnt, obwohl Rassismus kein Phänomen der neuen Zeit und auch keine Erfindung des Westens ist. Er ist ein Nebenprodukt unserer Informationsaufarbeitungssysteme im Gehirn, unserer Art und Weise, das Umfeld wahrzunehmen. Rassismus ist so alt wie die Menschheit selbst. Das sollte rassistische Einstellungen natürlich nicht verharmlosen. Aber Rassismus ist heilbar: durch das Vorleben der Eltern, durch Erziehung, aber vor allem durch Begegnung. Nicht jedoch durch Segregation. Rassismus findet man in Afrika, genauso wie in arabischen Ländern, der Mehrheitsgesellschaft, unter Armen, unter Reichen, unter Einheimischen, unter Ausländern. Doch man will die menschlichen Ursachen nicht sehen, sondern daraus politisches Kapital schlagen. Man nutzt Begriffe wie struktureller Rassismus, um diese einseitige Betrachtung zu rechtfertigen. Natürlich entstehen dort, wo bestimmte Gruppen die Macht haben, mehr Möglichkeiten zur Diskriminierung von Minderheiten. Machtverhältnisse sind aber nie starr. Die Machtverhältnisse an Schulen in Berlin-Neukölln beispielsweise sind anders als die in Sachsen. Und die in Deutschland anders als die im Irak oder in Afghanistan. Sie sind an Universitäten anders als in Großkonzernen. Doch die ideologisierte Linke nimmt selektiv wahr. Sachverhalte, die zur Antirassismus-Ideologie passen, werden erkannt, andere ignoriert. So passiert es, dass die Sklavenhaltung in der muslimischen Geschichte komplett verschwiegen wird, genauso wie Homophobie in Afrika. Rassismus gegen Alawiten oder Kurden von türkischen Nationalisten, patriarchalische Strukturen unter Flüchtlingen, Islamismus, all solche Themen dürfen in diesem dichotomen Weltbild nicht vorkommen.

Anstatt Menschen für diesen Kampf gegen Rassismus zu gewinnen und sie aufzuklären, werden andere Stimmen an den Pranger gestellt und als rassistisch abgestempelt. Der von Wut und Bedrohungen geprägte Diskurs lässt die Menschen mitunter verstummen – und genau das ist auch gewollt. Ich habe erlebt, wie Menschen den Mund einfach nicht mehr aufgemacht haben, weil sie die Folgen psychisch nicht mehr ausgehalten haben oder ihnen schlicht die Kraft fehlte. Wer hat dann gewonnen? Die Demokratie? Nein. Gewinner sind die Radikalen, die sich auf jene Themen stürzen, um die der Großteil der Gesellschaft einen Bogen macht.

Es geht darum, dass Menschen verschiedener Hautfarbe oder Herkunft immer klarer, immer selbstverständlicher Teil *einer* Gesellschaft sind: an Schulen, in der Wirtschaft, in der Wissenschaft, in Medien – in allen Bereichen der Lebens- und Arbeitswelt. Das erreiche ich nicht, wenn ich beanspruche, allein den Diskurs zu bestimmen und zu entscheiden, was legitime Meinungen sind, und außerhalb meiner Blase nur Gegner sehe. Das Ziel der Gleichberechtigung erreiche ich nicht mit Theorien, die ich meinen Dogmen anpasse.

Es geht hier nicht um den Kampf für eine bessere Gesellschaft, für mehr Gerechtigkeit, für eine bessere Welt. Im Gegenteil: Der Diskurs wird vergiftet, indem keine Gegenargumente mehr zugelassen werden.

Doch auch andere Teile der Gesellschaft lassen sich vom politischen Islam täuschen und kommen ihm so zu Hilfe. Sie wollen sich aufgeschlossen und antirassistisch zeigen und setzen dabei oft ihre Haltung über eine erforderliche Neutralität. Um das Problem zu verdeutlichen, vier Beispiele: Mir schreiben immer wieder Lehrer, die Fortbildungen besucht haben, um die alltäglichen Herausforderungen mit ihren Schülern besser in den Griff zu bekommen. Diese Lehrer berichten, dass dort ausschließlich sie für die Probleme ihrer Schüler verantwortlich gemacht werden. Es heißt dann, sie, das System und die Gesellschaft seien rassistisch – Stichwort: struktureller Rassismus –, und sie sollten aufhören, nur Probleme zu sehen. Es scheint egal zu sein, dass die Lehrer täglich unter schweren Bedingungen arbeiten, alles dafür tun, um ihre Schüler zu erreichen, und ihnen helfen wollen, eine bessere Zukunft zu haben. Diese Lehrer, die zu Recht Respektlosigkeiten, machohaftes Verhalten und extremistische Tendenzen erkennen und thematisieren, werden als weiße Rassisten abgetan. Diese Art von Vorwürfen nehmen immer mehr zu, was dazu führt, dass auch die Ängste und die Sprachlosigkeit der Lehrer immer größer werden. So werden keine Probleme gelöst, sondern nur verdrängt, verlagert und vertagt.

Das zweite Beispiel passierte bei einem Workshop in einer Flüchtlingsunterkunft. Es ging, wie so oft, um Gleichberechtigung, Selbstbestimmung, Islamismus, Antisemitismus. Unter den Teilnehmern war eine Frau, die eine Führungsposition bei einem Träger im Bereich Integration innehatte. Sie reagierte wütend auf unsere Themen und unsere Maßnahmen zur Wertevermittlung. Sie fragte: »Warum geht es hier um Gleichberechtigung, Antisemitismus und Meinungsfreiheit? Das ist rassistisch und impliziert, dass die Menschen hier mit diesen Werten ein Problem haben.« Dass die Flüchtlinge selber über die Themen sprechen wollten und dankbar für den Austausch darüber waren, ignorierte sie komplett.

Das dritte Beispiel führt zu einer Begegnung mit dem ehemaligen Innenminister Thomas de Maizière im Jahr 2017. Damals traf sich das Innenministerium mit allen Projekten, die im Bereich Islamismus und Deradikalisierung aktiv waren. Es ging um eine Bestandsaufnahme der Situation in Deutschland, etwa um Überlegungen zum Salafismus und zum IS und die Frage, wie man mit alldem umgehen sollte.

Während des Treffens beschwerten sich Mitglieder einer Organisation, die im Bereich Deradikalisierung tätig ist und von Steuergeldern finanziert wird, dass einer ihrer Klienten, der Mitglied beim IS gewesen war, abgeschoben werden sollte. Sie sagten, sie würden Abschiebungen grundsätzlich ablehnen. Egal aus welchem Grund. Thomas de Maizière versuchte, sie davon zu überzeugen, dass Abschiebungen bei schweren Straftaten legitime Mittel seien. Die Mitglieder der Organisation lehnten diese Haltung komplett ab. Ein Verein, der beauftragt wurde, Islamismus zu bekämpfen, nutzte das Treffen, um sich als Anwalt eines Islamisten zu präsentieren und seine Abschiebung zu verhindern. Ihr ideologisches Weltbild war wichtiger als der Auftrag, mit dem sie unterwegs waren.

Das zeigt, dass der Bereich der Integration und Prävention teilweise von Menschen besetzt ist, die eine sehr naive Vorstellung von dem haben, was der politische Islam ist, und ihre Zielgruppe überhaupt nicht in die Verantwortung nehmen. Die Gründe für Fehlverhalten, für Desintegration, für Gewalt und Radikalisierung liegen für sie einzig und allein in der Mehrheitsgesellschaft. Diese Sichtweise entspricht nicht der Realität, sondern nur Teilen davon – und zwar nur den Teilen, die in ihre ideologische Enge passen.

Das vierte Beispiel: Im Herbst 2021 war ich zu einem Kongress eingeladen worden, bei dem es um extremistische Vereine ging. Darüber aufzuklären ist mir sehr wichtig, denn ich merke immer wieder, dass politische und zivilgesellschaftliche Akteure Schwierigkeiten haben zu erkennen, welche Vereine die Demokratie stärken und welche sie schwächen. Mehrere Stunden lang stellten ein Mitarbeiter einer staatlichen Sicherheitsorganisation und ich unterschiedliche Vereinsstrukturen im Rechtsextremismus und im Islamismus dar. Das Publikum schien interessiert, kompetent und stellte viele sachliche Fragen – bis es um konkrete islamistische Vereine ging. Unruhe im Saal. Es schien, als würde das Thema Unbehagen auslösen. Als es schließlich um den Verein Islamic Relief ging, kippte die Stimmung komplett.

Islamic Relief Deutschland ist laut Eigenbeschreibung »eine gemeinnützige deutsche Nichtregierungsorganisation mit humanitärem Auftrag«. Sie versteht sich als Partner der Notleidenden und Bedürftigen in der Welt und gleichermaßen als Partner ihrer Spender und Geldgeber in Deutschland. Weiter heißt es: »Dank unseres weltweiten Netzwerkes von Partner- und Projektbüros in mehr als 40 Ländern erreichen wir mit unseren Nothilfe- und Entwicklungsprojekten bedürftige Menschen in Afrika, Asien, Nahost und Osteuropa. Unterstützt wird unsere Hilfe durch Tausende von einheimischen Helfern und koordiniert durch das internationale Büro in Birmingham.«[22]

Das klingt alles gut, ich weiß.

Auf eine sogenannte kleine Anfrage der FDP-Fraktion über das »Ausmaß ausländischer Einflussnahme auf Religionsgemeinschaften, religiöse Vereine und sonstige religiöse Organisationen« stellte die Bundesregierung im November 2020 allerdings fest, dass sowohl Islamic Relief Worldwide als auch Islamic Relief Deutschland »über signifikante personelle Verbindungen zur Muslimbruderschaft oder zu ihr nahestehenden Organisationen«[23] verfügen.

Als wir Dozenten dies bei dem Kongress erwähnten, wurden wir angegangen: Wie es sein könne, dass wir hier einen Verein dermaßen schlecht darstellen würden, mit dem sogar unser Bundespräsident schon kooperiert hätte. Wir seien unsachlich und einseitig, warfen uns vor allem jene Vertreter zivilgesellschaftlicher Organisationen vor, die selbst auch mit Islamic Relief zusammenarbeiteten. Der Gedanke, einen Fehler gemacht zu haben, als sie sich mit Islamic Relief einließen, war schwer für sie zu ertragen. Statt sich mit den für sie neuen Informationen sachlich auseinanderzusetzen, schalteten sie auf Angriff um.

Dass es in solchen Veranstaltungen zu Kontroversen und Diskussionen kommt, ist wichtig und notwendig. Doch dass die Situation so kippte, dass mehr Kritik an Vertretern von deutschen Sicherheitsapparaten geübt wird als an einem muslimischen Verein, der laut Bundesregierung Verbindungen zu Islamisten pflegt, zeigt, wie schief die Debatte läuft.

Diese Menschen empfinden einen edlen Willen, für Minderheiten da zu sein, besser als die Rechten zu sein und auch besser als ihre Eltern und Großeltern zu handeln, die doch im Nationalsozialismus so blind gewesen waren. Das sind wunderbare Vorhaben, die allerdings denen zur Obsession werden können, die nicht merken, dass ihre Toleranz für das Intolerante genau das fördert, was sie eigentlich bekämpfen wollen. Der Philosoph Karl Popper beschrieb dieses Toleranz-Paradoxon schon 1945 in seinem Buch *Die offene Gesellschaft und ihre Feinde*: »Uneingeschränkte Toleranz führt mit Notwendigkeit zum Verschwinden der Toleranz. Denn wenn wir die unbeschränkte Toleranz sogar auf die Intoleranten ausdehnen, wenn wir nicht bereit sind, eine tolerante Gesellschaftsordnung gegen die Angriffe der Intoleranz zu verteidigen, dann werden die Toleranten vernichtet werden und die Toleranz mit ihnen.«[24] Natürlich ist das ein Extrem, das Popper formuliert, und eine gesunde, funktionierende Gesellschaft hält ein paar wenige Intolerante aus. Doch hier geht es um ein intolerantes System, dem wir viel zu oft mit Toleranz begegnen. Und das ist ein Problem.

Und so frage ich mich immer wieder, wie es dazu kommt, dass die Politik nicht aufhört, mit Akteuren des politischen Islam zu kooperieren. Wie kann sein, dass man zum Beispiel in die Kommission gegen antimuslimischen Rassismus Personen beruft, die zu islamistischen Strukturen gehören? Wie kann es sein, dass das Berliner Seelsorge-Telefon für Muslime zum Teil von Akteuren des politischen Islam betrieben wird? Wie kann es sein, dass in Berlin ein Islamzentrum entstehen kann, in dem mehrere Vereine und Organisationen ansässig werden sollen, die vom Verfassungsschutz in Bund und Ländern beobachtet werden und zum Umfeld der Muslimbrüder gehören? In diesem Zusammenhang fordert der Verfassungsschutz von der Politik schon lange mehr Möglichkeiten und juristische Maßnahmen, um Geldströme in der Szene nachverfolgen zu können. Denn – so kam irgendwann heraus – die Immobilie, in dem das Islamzentrum entstehen soll, war für vier Millionen Euro von der Stiftung Europe Trust gekauft worden. Diese Stiftung gehört zur *Federation of Islamic Organizations in Europe (FIOE)*, dem europäischen Dachverband islamischer Organisationen aus Marksfield in England, der der Muslimbruderschaft zugerechnet wird. Man muss kein Hellseher sein, um zu ahnen, welcher ideologische Wind in dem Islamzentrum wehen wird.

Und schließlich: Wie kann es sein, dass während der ersten Coronawelle im Frühjahr 2020 eine Moschee in Neukölln in Zusammenarbeit mit der hiesigen Lokalpolitik auf die Idee kam, den Muezzinruf als Zeichen der Solidarität zu nutzen? Infolgedessen standen Hunderte junger Menschen vor der Moschee, legten wenig Wert auf geltende Abstandsregeln und feierten die Rufe des Muezzins als persönlichen Sieg für sich und ihre Religion. Während Berliner Politiker diese Aktion als Zeichen der Solidarität, Toleranz, Offenheit und Vielfalt feierten, gingen die Bilder davon um die Welt und wurden mancherorts als Etappensieg eines politischen und wenig toleranten Islamverständnisses gefeiert.

Die Islamisten reiben sich indes die Hände. Wir müssen aufhören, uns ohne jede Strategie gegen den politischen Islam im Kreis zu drehen. Journalisten müssen aufhören, Aktivisten zu sein, die Haltungsjournalismus betreiben und Muslime beschützen wollen. Diskurse dürfen nicht mehr nur oberflächlich geführt werden. Doch wie soll das gehen, wenn nicht genau hingeschaut wird, mit wem man kooperiert? Wenn die Augen vor Problemen verschlossen werden, wenn jegliche kritische und intensive Auseinandersetzung mit dem politischen Islam verhindert wird und stattdessen Phantomdiskussionen über Begrifflichkeiten geführt werden?

Bei alldem gibt es Dinge, die mich manchmal auch ein wenig optimistisch stimmen. Das hier zum Beispiel: Nachdem der *European Islamophobia Report 2018* (EIR) herausgekommen war, von dem bereits im ersten Kapitel dieses Buchs die Rede war, schrieben einige, die darin genannt und denunziert worden waren, wozu auch ich gehörte, einen offenen Brief an Ursula von der Leyen, der Präsidentin der Europäischen Kommission. Wir baten sie darin, künftige Ausgaben des EIR nicht mehr mit den Steuergeldern der europäischen Bürger zu unterstützen, und erklärten sehr ausführlich, warum eine Unterstützung unangebracht sei. Unter anderem, weil

- die SETA-Stiftung, die diesen Report damals herausbrachte, ein politisches Instrument der türkischen Regierung ist,
- die Reports keinen wissenschaftlichen Standards entsprachen, viele Menschen und Institutionen aus ganz Europa darin undifferenziert als »islamophob« und als Vertreter und Beförderer von sogenanntem »antimuslimischem Rassismus« bezeichnet wurden,
- es das Ziel des EIR war, jede kritische öffentliche Beschäftigung mit dem Islam und islamistischen Strömungen zu verhindern oder jedenfalls zu diskreditieren.

Dies alles war demokratiepolitisch gefährlich. Der Brief erreichte sehr viel Öffentlichkeit und sorgte dafür, dass sich die EU-Gremien eingehender mit dem EIR und den dahinterstehenden Personen und Institutionen beschäftigten. Am Ende stand die Entscheidung der EU, den jährlichen Report nicht mehr zu unterstützen. Der *European Islamophobia Report 2020* kam trotzdem heraus, ohne Finanzierung durch die EU und auch nicht mehr von SETA herausgegeben. Wahrscheinlich sah die Stiftung durch die Negativschlagzeilen ihre Lobbyarbeit in Europa gefährdet. Doch die Macher des Reports scheinen unbeirrt weitermachen zu wollen. Auf dem Cover zu sehen ist, düster blickend und im Halbschatten: Emmanuel Macron.

Die Rolle der Liberalen

Warum spricht die Politik in Deutschland immer wieder mit problematischen islamischen Verbänden? Warum werden ihre Vertreter überallhin eingeladen und hofiert, trotz ihrer fragwürdigen Kontakte ins Ausland, trotz der stellenweisen Beobachtung durch den Verfassungsschutz, trotz der Verbindung zu nationalistischen und rechtsradikalen Vereinigungen im Ausland und trotz der Tatsache, dass alle Verbände zusammen nur schätzungsweise 25 bis 30 Prozent der Muslime in Deutschland vertreten?

Der Grund dafür ist, dass sie fast die Einzigen sind, die organisiert sind. Alle anderen haben kaum das Bedürfnis, dies zu tun und Verbände zu gründen. Es sind Muslime, ja, aber sie definieren sich nicht nur über ihre Religion. Es sind unsere Nachbarn, Kollegen, Mitschüler. Menschen, die längst zu dieser Gesellschaft gehören. Teilweise religiös, teilweise konservativ, aber auch liberal oder sogenannte Kulturmuslime. Doch da die Politik in vielen Fällen gezwungen ist, mit organisierten Verbänden zu sprechen, landet sie immer wieder bei diesen Vereinen. Sei es, wenn es um die Islamkonferenz geht, den Islamunterricht an staatlichen Schulen oder um Beiräte an Universitäten.

Doch gibt es eine Lösung dafür? Was liberale Muslime immer wieder von der Politik zu hören bekommen, ist: »Organisiert euch. Bildet eine Gegenstimme.« Denn je weniger sich

Muslime, die keinen fundamentalistischen Glaubensansatz haben, politisch engagieren, desto größer wird die Macht der konservativen Verbände. Ich sage das durchaus selbstkritisch, denn zwei Versuche, mich mit anderen Muslimen in Deutschland gemeinschaftlich zu organisieren, sind bislang gescheitert.

Der erste Versuch startete im Jahr 2015. Damals gründete ein gutes Dutzend liberaler Muslime das Muslimische Forum Deutschland, um die Deutungshoheit über muslimisches Leben eben nicht mehr den konservativen Verbänden zu überlassen, die Heterogenität der Muslime in Deutschland abzubilden und eine Alternative und zusätzliche Vertretung der in Deutschland lebenden Muslime zu bilden.

Eine solche Gemeinschaft war dringend notwendig, denn im Jahr zuvor hatte das Innenministerium auf Druck muslimischer Verbände alle Einzelpersonen und kritischen Stimmen aus der Deutschen Islamkonferenz ausgeladen.

Ich kenne die genauen Gründe dafür nicht. Ich vermute aber, dass folgende Situation eine Rolle gespielt hatte: Im Mai 2013 war ich gebeten worden, neben dem damaligen Bundesinnenminister Hans-Peter Friedrich bei der Abschlusspressekonferenz der Islamkonferenz eine Rede zu halten. Schon vorher waren die Sitzungen der Konferenz sehr angespannt gewesen. Die Versuche von mir und anderen Einzelpersonen, Themen wie Antisemitismus oder Radikalisierung anzusprechen, wurden von den islamischen Verbänden meistens geblockt. Sie warfen uns Islamfeindlichkeit vor.

Trotzdem hatte ich beschlossen, den Rabbiner Daniel Alter als meine Begleitung zu der Abschlusskonferenz mitzunehmen, um auf das Thema muslimischer Antisemitismus aufmerksam zu machen. Daniel Alter war einige Monate zuvor von vermutlich arabischstämmigen Jugendlichen angesprochen worden, als er mit seiner siebenjährigen Tochter unterwegs war. Sie fragten ihn, ob er Jude sei. Als er die Frage bejahte, beleidigten ihn die Jungen und schlugen ihn so heftig ins Gesicht, dass sein Jochbein brach.

Meine Rede begann so: »Ich freue mich sehr, dass mich der Rabbi Daniel Alter zum heutigen Plenum der Deutschen Islamkonferenz begleitet. Seine Anwesenheit ist für mich ein Symbol dafür, wie wichtig das Thema Antisemitismus unter muslimischen Jugendlichen ist.« Ich sprach weiter darüber, wie präsent und aggressiv Antisemitismus sei und darüber, wie wichtig Begegnungen zwischen Menschen jeglicher Herkunft oder Religion seien. Ich sprach mich dafür aus, dass die Islamkonferenz mit ihren praxisorientierten Arbeitsgruppen weitergeführt werde, und äußerte meine Hoffnung, weiter mitmachen zu dürfen.

Doch genau das sollte erst mal nicht passieren.

Mit dem, was ich getan und gesagt hatte, hatte ich die Vertreter der Verbände so sehr verärgert, dass einige wütend die Veranstaltung verließen und andere den Innenminister und mich nach der Rede verbal attackierten. Einer kam zu mir und sagte: »Wir werden alles dafür tun, dass die nächste Regierung euch und eure Themen von der Konferenz auslädt.«

Und so kam es. Im Jahr darauf war Thomas de Maizière Innenminister, und er bestritt die Islamkonferenz nur noch mit den Verbänden. Und obwohl es während seiner Amtszeit zu massiven Radikalisierungswellen unter deutschen Muslimen kam, behandelte er in den Islamkonferenzen nur die Themen Wohlfahrt und Seelsorge – und nur noch organisierte Verbände konnten für Muslime in Deutschland sprechen. Dabei brauchten wir gerade in Zeiten, in denen sich Jugendliche radikalisierten und der Islam zur Abgrenzung von der Mehrheitsgesellschaft benutzt wurde, Akteure, die sich nicht mit leeren Worten begnügten. Statt sich nur als Opfer von Diskriminierung zu sehen, sollten Muslime Verantwortung übernehmen und durch ihr Tun zu Vorbildern werden, was auch bedeutete, unbequeme Fragen auszuhalten und die Grundwerte dieser Gesellschaft nicht nur theoretisch zu akzeptieren, sondern auch im Alltag zu beweisen, dass Religion und Demokratie zusammenpassten.

Genau deshalb gründeten wir das Muslimische Forum Deutschland. In unserer Gründungserklärung schrieben wir:

»Der Islam weist vielfältige theologische, kulturelle sowie strukturelle Ausprägungen auf, die von den bestehenden muslimischen Institutionen in Deutschland nicht in Gänze repräsentiert werden. Die Mehrheit der Muslime ist unterrepräsentiert. Deshalb wollen wir mit unserer Aktion der Politik einen weiteren Ansprechpartner anbieten, der die unartikulierten Positionen von Muslimen in Deutschland wiedergibt.

Wir setzen uns ein für die Etablierung eines Islamverständnisses, das mit unseren Grundwerten und der deutschen Lebenswirklichkeit übereinstimmt. Dieses Islamverständnis soll theologisch fundiert sein und daher dem Selbstverständnis einer bekenntnisgebundenen Sicht auf den Islam gerecht werden und die Rechte und Freiheiten des Individuums wahren. Wir treten weiterhin aktiv gegen jede Form von Intoleranz und für den Schutz von Freiheit ein. Wir verurteilen entschieden jegliche Form der Diskriminierung, Hasspropaganda und menschenverachtende Äußerungen, die sich gegen einen ›Anderen‹ richten. Antimuslimische, antisemitische, rassistische, deutschenfeindliche und homophobe Stereotypen und andere menschenverachtende Hassideologien lehnen wir ab. Sowohl Drangsalierung als auch der Hass auf den ›Westen‹ bzw. jede Form religiös oder ideologisch motivierter Gewalt müssen friedlich bekämpft werden. Weiterhin sollen Klischees, Zuschreibungen und Feindbilder aus den Herkunftsländern aufgearbeitet werden.

Gleichzeitig sollen Rede- und Meinungsfreiheit geschützt und gefördert werden. Offene Diskussionen über kulturelle Unterschiede, Unterschiede zwischen den Religionen und über die Rolle der Religion in der Gesellschaft sollten aus falsch verstandener Toleranz, im Sinne von ›Angst, zu verletzen‹, nicht im Keim erstickt werden. Wir unterstützen und verteidigen beharrlich das Recht eines jeden Individuums, seinen eigenen Glauben bzw. seine Weltanschauung zu haben und öffentlich zu zeigen. Die allgemeinen Menschenrechte, die europäische Menschenrechtskonvention und das deutsche Grundgesetz bilden den Rahmen, innerhalb dessen sich jeder frei bewegen darf. Wir lehnen religiös begründete Traditionen und Gesetze ab, die im Widerspruch zu den Menschenrechten bzw. zum deutschen Gesetz stehen. Wir übernehmen Verantwortung für unsere freiheitlich-demokratische Grundordnung.«

Diese Erklärung sprach mir aus dem Herzen. Auf der Suche nach Finanzierungspartnern fanden wir zunächst die Konrad-Adenauer-Stiftung, die uns Räumlichkeiten für unsere Treffen zur Verfügung stellte und anfallende Reisekosten übernahm. Der Vorsitzende der Stiftung, Hans-Gert Pöttering, sagte damals, er sehe das Muslimische Forum Deutschland als eine wichtige Bereicherung in der aktuellen Debatte über den Islam in Deutschland: »Durch die Betonung individueller Freiheitsrechte und durch das klare Bekenntnis zu unserer freiheitlich-demokratischen Grundordnung und der europäischen Menschenrechtskonvention gibt dieses Forum einer großen Mehrheit von Muslimen in Deutschland eine Stimme.«

Wir waren bereit, zuversichtlich. Es fühlte sich an, als ob etwas Großes entstehen würde. Auch das mediale Interesse war da – und durchaus positiv. Wir trafen uns, lernten uns kennen, besprachen Sichtweisen. Wir diskutierten darüber, was der Islam und die Muslime in Deutschland brauchten und welche

Rolle wir dabei spielen wollten und konnten. Nach mehreren Treffen hatten wir eine Art Charta entwickelt, die wir Berliner Thesen nannten.

Doch schon da zeigte sich, wie unterschiedlich unsere Ansichten und Ziele waren. Für manche ging die Kritik Einzelner am Islam zu weit. Sie sagten, sie grenze an Islamhass. Für andere war die Sprache der Theologen zu wissenschaftlich oder zu unkritisch. Manche waren der Meinung, man solle Person X oder Person Y nicht einladen, weil sie persönlich mit ihnen nicht konnten. Wiederum andere gaben Informationen aus den Sitzungen an Dritte weiter. Manche wollten aus dem Verein einen antireligiösen Verein machen, andere wollten einen liberalen Islam etablieren. All diese Differenzen hätte man in einer konstruktiven Arbeitsatmosphäre klären können, doch genau die kam nicht zustande.

Zudem gab es intern Kritik, die Konrad-Adenauer-Stiftung als Partner zu haben. Man wollte kein CDU-Projekt sein. Ich kann diese Kritik verstehen, aber ohne die Hilfe und Unterstützung einer deutschen Stiftung hätten wir keine Chance gehabt. Kritik an unserer Zusammenarbeit mit der Stiftung kam auch von außen. Es hieß, wir seien ein Islamverein »made by CDU«. Interessanterweise kamen solche Äußerungen auch von Menschen, die kein Problem darin sahen, einen Islam in Deutschland »made by Erdoğan« zu haben.

Die Kritiker sahen in unserer Zusammenarbeit die Überschreitung einer Grenze für politische Stiftungen, die sich nicht in innermuslimische Angelegenheiten einmischen sollten. Das, obwohl sich die Konrad-Adenauer-Stiftung inhaltlich nie eingemischt und das auch nie eingefordert hatte. Ich frage mich bis heute, wer ein legitimer Unterstützer solcher Vorhaben hätte sein können, vor allem im Hinblick darauf, sich vom Ausland zu emanzipieren.

Neben all dieser Kritik stellte sich die Frage, wie wir uns eigentlich organisierten. Es ging um finanzielle Fragen, um Standortfragen, um die Frage, wer von uns für uns spricht. Schon da wurden Stimmen laut wie: »Wenn er oder sie das macht, dann steige ich aus.« Irgendwie schafften wir es, einen Vorstand und einen Schatzmeister zu wählen, und konnten beide in einer Sitzung der Bundespressekonferenz vorstellen.

Doch intern passierten weiterhin Dinge, die uns nach außen wie einen Laden voller Chaoten wirken ließen. Ein Beispiel: Wenn Mitglieder von uns als Einzelpersonen, ohne als Stimme des Forums aufzutreten, Artikel in Zeitungen veröffentlichten, sahen sich andere Mitglieder oftmals dazu veranlasst, muslimische Verbände anzuschreiben, um sich von den Inhalten oder der Person zu distanzieren.

Ich möchte an dieser Stelle klarstellen, dass ich nie erwartete hatte, dass alle Mitglieder einer Meinung sind. Ich selbst teilte auch nicht jede Meinung der anderen. Doch der Erfolg einer Gruppe, Partei oder eines Vereins ist die Fähigkeit, Unterschiede auszuhalten und eine gewisse Loyalität gegenüber den anderen Menschen in dieser Gruppe zu entwickeln. Intern kann und sollte eine Gruppe diskutieren. Nach außen aber sollten wir geschlossen auftreten. Deshalb hätte ich es begrüßt, wenn wir Meinungsverschiedenheiten erst einmal persönlich besprochen hätten.

Ein paar Monate später beendete die Konrad-Adenauer-Stiftung die Zusammenarbeit mit uns. Mehrere CDU-Mitglieder mit Migrationsgeschichte hatten sich – warum auch immer – so lange beschwert und versucht, das Projekt zu torpedieren, bis sich die Stiftung gezwungen sah, sich von uns zu distanzieren. Da wir den islamischen Verbänden aber nicht gönnen wollten, uns scheitern zu sehen, suchten wir nach Alternativen.

Die Bundeszentrale für politische Bildung bot uns schließlich Räume für unsere Treffen an. Es dauerte nicht lange, da beschwerten sich auch darüber die Ersten. Und nach einigem Hin und Her stellte die Bundeszentrale für politische Bildung klar, dass dies eine einmalige Sache gewesen sei. Es war zäh und anstrengend. Unsere eigentlichen Ziele wurden von Unstimmigkeiten und Kritik überlagert.

Wir wussten, dass wir der großen Öffentlichkeit am Anfang Taten folgen lassen mussten: Wir mussten dringend Projekte ins Leben rufen. Doch wieder waren die Prioritäten zu unterschiedlich, um etwas zustande zu bringen. Eine Idee war beispielsweise ein Gottesdienst, den wir veranstalten wollten. Alle, Frauen wie Männer, sollten eingeladen werden. Wir wollten dem Frieden und der Liberalität ein Gesicht zeigen. Doch wir konnten uns nicht einigen: Es gab Mitglieder, die sagten, sie würden in dem Moment aussteigen, in dem wir irgendetwas Religiöses veranstalteten. Sie waren zwar Muslime, aber gegen jede Religiosität und für Säkularität. Natürlich ist eine solche Haltung legitim, doch dann sollte man Alternativen anbieten – und die kamen nicht.

Ein anderes Projekt, das wir umsetzen wollten, zielte auf die Risikofaktoren von Radikalisierung ab. Wir hatten die Planung demokratisch abgestimmt, selbst die Finanzierung stand – und trotzdem gab es Mitglieder, die dagegen waren oder nicht miteinander arbeiten wollten.

Das Muslimische Forum Deutschland wurde stiller und stiller, und irgendwann hörte man nichts mehr von uns. Alles schlief ein.

Doch zum Scheitern hatten nicht nur die mangelnde Professionalität und Unverbindlichkeit geführt, die wir an den Tag gelegt hatten (und damit schließe ich mich selbst ein). Es hatte noch andere Gründe gegeben: Die Heftigkeit, mit der wir von den muslimischen Verbänden und ihren Lobbyisten attackiert und kritisiert worden waren, hatte eigentlich gezeigt, wie wichtig wir waren. Sie sahen uns als Bedrohung für ihre Exklusivität. Wir hatten allerdings keine großen Staaten wie die Türkei, Katar oder Saudi-Arabien hinter uns, die sich etwas davon versprachen, uns zu unterstützen. Wir waren auf Unterstützung aus Deutschland angewiesen. Doch die Kritik an denjenigen, die uns unterstützt hatten, war zu groß gewesen. Am Ende standen wir ohne Finanzierung da.

Der zweite Versuch, liberale Muslime in einer Organisation zusammenzubringen, fand 2018 statt. Damals war die Islamkonferenz nach vielen Jahren wieder breiter aufgestellt worden. Es waren mehr Menschen eingeladen und bewusst eine Art von Kontroverse zugelassen worden. Es war das erste Mal, dass Menschen, die zuvor nur über soziale Medien miteinander kommuniziert hatten, aufeinandertrafen und miteinander sprachen. Das war gut, notwendig, großartig. Doch das Innenministerium hatte denjenigen, die zu keiner Organisation und zu keinem Verband gehörten, schon vor der Konferenz erneut vermittelt, wir müssten uns organisieren, um etwas zu bewegen. Denn wenn es darum ginge, dem liberalen Islam in Deutschland ein Gewicht zu geben, dann gäbe es Fragen, die man nicht mit Einzelpersonen diskutieren könne.

Die Fragen, die Politik und Gesellschaft seit Jahren beschäftigen, sind: Wie soll man mit muslimischen Verbänden umgehen? Und wie und mit wem soll man die Fragen des Islam regeln? Denn man kann längst nicht mehr ignorieren, dass Muslime Teil dieses Landes geworden sind und sie nicht vorhaben, irgendwohin »zurückzukehren«.

Bedeutet das aber, muslimische Verbände sollten mit den christlichen Kirchen gleichgestellt werden? Geht das überhaupt?

Und wenn wir diese Frage mit Ja beantworten, ignorieren wir dann nicht die großen Unterschiede zwischen dem Christentum und dem Islam? Neben dem Problem, dass der Islam keine feste Autorität außer Allah und seinen Propheten kennt und diese nicht als Ansprechpartner zur Verfügung stehen, gibt es auch gravierende Unterschiede in der Entwicklung, die die Kirchen, im Gegensatz zum Islam, in den letzten Jahrhunderten durchgemacht haben. Eine Gleichstellung der Religionen würde außerdem bedeuten, dass die Verbände als Körperschaft des öffentlichen Rechts anerkannt werden müssten. Diesen Status haben im Moment aber nur die Ahmadiyya-Gemeinden in Hamburg und Hessen – und das auch nur, weil die beiden Bundesländer ein Auge zugedrückt haben, um Fortschritte zu erreichen. Alle anderen Verbände und Gemeinden erfüllen die Voraussetzungen für eine Körperschaft nicht.

Das alles wissen die Kirchen genau. Sie wissen von den Schwierigkeiten mit den muslimischen Verbänden, doch ich unterstelle ihnen einen strategischen Willen zur Zusammenarbeit mit den Verbänden aus Eigennutz: Sie wollen ihren Status bewahren, und der einfachste Weg ist, den muslimischen Verbänden die gleichen Rechte einzuräumen. So bewahrt man zum einen die Religiosität im öffentlichen Raum, zum Beispiel durch Religionsunterricht. Vor allem aber vermeidet man dadurch grundsätzliche Überlegungen zur Reform der Beziehung zwischen Religion und Staat, die durch den Islam notwendig geworden ist. Denn den muslimischen Verbänden einfach das Gleiche zu geben wie den Kirchen gefährdet die Demokratie und gibt ihnen mehr Macht, als ihnen zusteht.

Wohin das führt, zeigt das Beispiel von theologischen Fakultäten. Man hat Unsummen dafür bezahlt, einen deutschen Islam zu schaffen, und hat dann, wie im Fall der Humboldt-Universität in Berlin, nur Vertreter konservativer Verbände im

Beirat sitzen. Denn, so steht es im Gesetz: »Gemäß Grundgesetz Artikel 4 und Artikel 140 zur individuellen und korporativen Religionsfreiheit in Verbindung mit Artikel 137 Abs. 3 der Weimarer Reichsverfassung müssen die Religionsgemeinschaften in Fragen bekenntnisgebundener Lehre an Universitäten hinzugezogen werden.« Die Beiräte entscheiden, wer lehrt, sie bestimmen bei den Inhalten mit. Wie soll da eine Reform entstehen? Wie soll da ein Islam entstehen, der Schülerinnen und Schülern und Studierenden ermöglicht, ein Muslim und Demokrat gleichzeitig zu sein?

Wir wollten dem entgegenwirken und gründeten die Initiative Säkularer Islam, bei der es erneut darum ging, Menschen zu organisieren, die sich bei der Islamkonferenz nicht vertreten fühlten. Doch schon bei der ersten Veranstaltung merkte man wieder, dass sich viele Mitglieder nicht der Sache verpflichtet fühlten, sondern nur ihrer eigenen Person. Sie wollten von der Aufmerksamkeit profitieren, sich aber nicht verpflichten. Vielleicht lag es daran, dass viele liberale Muslime, die sogenannten Islamkritiker, seit Jahren als Einzelkämpfer unterwegs gewesen waren und sich schwertaten, in einer Gruppe gemeinsam an einem Ziel zu arbeiten.

Es gab Streitereien. Es gab Vorwürfe. Es gab Auseinandersetzungen um Kleinigkeiten und Kritik, die durchaus berechtigt war, aber nicht ausdiskutiert wurde, und entsprechend wurden auch keine Lösungen gefunden. Sollte es nicht darum gehen, einen gemeinsamen Nenner zu finden? Dies schien unmöglich. Und wieder schlief alles ein. Denn liberale Muslime haben keine Erfahrung darin, in Gruppen zu arbeiten, egal ob in den Heimatländern oder hier in Deutschland. Sie sind und waren immer Einzelpersonen, die zuerst an sich selbst denken, um im Meer von Kritik, Vorwürfen und Bedrohungen zu überleben, denn einige von ihnen arbeiten unter Gefährdung ihres eigenen Lebens. Sie können und vielleicht wollen sie auch nicht in Gruppen agieren und sich einer Struktur unterordnen.

Alles, was von uns übrig geblieben ist, ist eine Whatsapp-Gruppe, in der wir uns manchmal gegenseitig unsere Texte zuschicken.

Die Zukunft muss säkular sein

Die Albträume manch eines Migrationsskeptikers und Panikmachers sehen so aus: In spätestens 20 Jahren droht Deutschland ein islamischer Staat mit Scharia-Regime. Das schwarze Banner des Islamismus weht vor dem Bundestag. Frauen dürfen nur noch mit Kopftuch in die Öffentlichkeit, doch viele tragen freiwillig Burka oder Niqab. Bewaffnete Männer patrouillieren in den Straßen. Kultur und Medien unterliegen einem harten Zensurregime, das alles, was unislamisch ist, verbietet. Musik, zu viel Nacktheit: verboten. Ebenso Alkohol. Die Meinungsfreiheit wird massiv eingeschränkt, Homosexuelle werden verfolgt, Polygamie legalisiert. Der Muezzin ist fünfmal am Tag zu hören. Statt an Weihnachten die Städte zu beleuchten und zu schmücken, passiert dies am Ramadan. Für einen Diebstahl wird einem die Hand abgehackt. Bei Ehebruch droht die Steinigung. Wer dem Islam den Rücken zukehrt, muss ebenfalls sterben.

Ähnliche Träume haben Islamisten auch – nur sind es bei ihnen Wunschträume, an deren Umsetzung sie beharrlich arbeiten. Doch die Zukunft folgt ihren eigenen Regeln und in den meisten Fällen keinen Träumereien. Deshalb tut eine realistische Betrachtung dieses Themas not.

Muslime und auch der Islam werden in Deutschland immer sichtbarer. Das ist die normale Konsequenz einer vielfältigen

Gesellschaft, die man weder zelebrieren noch verteufeln sollte. Es ist eine Realität, die Chancen und Herausforderungen mit sich bringt – doch wenn wir uns nicht jetzt mit dem politischen Islam beschäftigen, dann drohen auch Gefahren. Gefahren, die man jetzt schon in Ländern wie Großbritannien, Belgien, Schweden und vor allem auch Frankreich beobachten kann. Dort existieren Parallelgesellschaften, die völlig unabhängig vom Rest des Landes scheinen, weil der Rechtsstaat größte Schwierigkeiten hat, sich dort durchzusetzen. Im Vergleich zu ihnen erscheinen Berlin-Neukölln oder Duisburg-Marxloh wie harmlose Viertel. In diesen Vierteln haben Menschen kaum eine Chance, in Kontakt mit der Mehrheitsgesellschaft zu treten, geschweige denn sich dort zu integrieren. In diesen Vierteln werden die Grundprinzipien der Aufklärung wie Meinungsfreiheit, Mündigkeit oder Individualismus abgelehnt und bestraft. Vor allem Mädchen und Frauen haben keine Möglichkeit, selbstbestimmt zu leben.

In diesen Communitys ist selbst das Bildungssystem von Islamisten beeinflusst. Und so wird Kindern beigebracht, dass Sexualität eine Sünde ist, die von Gott mit der Hölle bestraft wird. Man fordert blinden Gehorsam und Buchstabenglauben. Man lehrt den Hass auf andere Religionen. Man lehrt, dass Demokratie gefährlich ist, dass Muslime Opfer in einem Krieg sind, den die Mehrheitsgesellschaft gegen sie führt, und dass sie Gott und seine Propheten vor den Ungläubigen verteidigen müssen. Die Kinder wachsen mit einer islamistischen Identität auf, die völlig konträr zur republikanischen Identität ist. Die Feindseligkeit gegen den Staat, die Polizei und gegen Nicht-Muslime nimmt dort immer weiter zu und dient dazu, Menschen zu radikalisieren. Kurz: Diese Viertel sind Ausbildungsstätten für Radikale.

Anfang 2020 zeigte dies eine Feldstudie sehr deutlich, die

der französische Islamforscher Bernard Rougier gemeinsam mit einer Gruppe von Doktoranden über vier Jahre lang durchgeführt hatte. Ihr Name: »Territoires conquis de l'islamisme« – »Eroberte Territorien des Islamismus«. Auf 300 Seiten hatten sie die schleichende Islamisierung in sogenannten Brennpunktvierteln dokumentiert. Die Ergebnisse der Studie, so Bernard Rougier in einem Gespräch mit dem Deutschlandfunk, zeichneten das Bild einer Gegengesellschaft:

1. Man hatte es mit dem Konflikt zwischen zwei gegensätzlichen Weltbildern zu tun: dem der Emanzipation und der Aufklärung und dem des salafistischen Verständnisses von einem Gott, der die ungeteilte Aufmerksamkeit und das ganze Engagement des Gläubigen einforderte.
2. Salafistische Prediger schufen eine Art von Festung, Enklaven innerhalb der Gesellschaft, die die Muslime auf maximaler emotionaler und physischer Distanz zur französischen Gesellschaft und den Werten der Aufklärung halten wollten.
3. Die große Mehrheit der Muslime hing keineswegs der dschihadistischen Vision des Islam an. Doch die sehr aktive Minderheit der Militanten schaffte es, das religiöse Leben in den Gemeinden zu dominieren.
4. Die Verschleierung wurde von vielen Frauen in diesen Vierteln als Schutzschild gesehen. Frauen, die sich nicht verschleierten, liefen Gefahr, geschlagen, vergewaltigt und überfallen zu werden.
5. Das wichtigste Ergebnis: Es herrschte eine Komplizenschaft zwischen islamistischen Akteuren und der Lokalpolitik. Die Abgeordneten fürchteten, als islamfeindlich dazustehen. Deshalb umwarben sie islamische Organisationen, weil diese viele Stimmen kontrollierten, die den

Abgeordneten zugutekommen konnten. Die Organisationen betrieben eine Art Handel: Stimmen der Muslime gegen Gefälligkeiten wie strategische Posten in der Stadtverwaltung oder die Zuständigkeit für Wohnungen oder Sport- und Kulturvereine. So wurde die Lokalpolitik durch religiöse Netzwerke zersetzt. Und die Islamisten befestigten ihre Macht mit Hilfe staatlicher Strukturen.

Wie es um das Verhältnis zwischen Staat und Religion steht, zeigte im September 2020 auch eine Untersuchung des französischen Umfrageinstituts IFOP.[25] Das Satiremagazin *Charlie Hebdo* hatte diese in Auftrag gegeben. Es ging darin um Themen, die in *Charlie Hebdo* immer wieder eine Rolle spielten, etwa Meinungsfreiheit, Religionskritik, die Mohammed-Karikaturen und den Vorrang republikanischer Werte vor religiösen Geboten. Befragt wurden Franzosen verschiedener Konfessionen.

Nach ihrem Verhältnis zur Religion befragt, stellten 40 Prozent der befragten Muslime ihre religiösen Überzeugungen über die Werte der Republik. Bei Muslimen unter 25 Jahren waren es sogar 74 Prozent. Das Ergebnis aller befragten Franzosen, egal welchen Glauben sie hatten, lag bei nur 17 Prozent.

69 Prozent der Muslime bewerteten den Abdruck der Mohammed-Karikaturen des dänischen Zeichners Kurt Westergaard in *Charlie Hebdo* als unnötige Provokation. Und nur 19 Prozent von ihnen waren der Meinung, dass blasphemische Karikaturen zur Meinungsfreiheit beitrügen.

Die Vorstellung, dass der Islam die einzig wahre Religion sei, bejahten 66 Prozent der Muslime. Der Aussage, dass der Islam mit den Werten der französischen Gesellschaft unvereinbar sei, stimmten 29 Prozent aller Muslime und 45 Prozent der Muslime unter 25 Jahren zu. Mehr als ein Viertel der jungen

Muslime (26 Prozent) unter 25 Jahren verurteilte die Attentäter vom Januar 2015, die damals den Großteil der Redaktion von *Charlie Hebdo* ermordet hatten, nicht ausdrücklich. Zwölf Prozent verurteilten sie, gaben aber zu, einige ihrer Motive zu teilen, weil sie in der Respektlosigkeit gegenüber dem Islam, den sie der Zeitschrift unterstellten, eine unannehmbare Form der Respektlosigkeit ihnen gegenüber sahen.

Ich finde diese Ergebnisse erschreckend. Wie soll ein friedliches Zusammenleben so funktionieren? Doch genau das sind die Ziele des politischen Islam: die Gesellschaft zu spalten und autonome muslimische Communitys zu schaffen. Und sollten sie ihr Ziel auch in Deutschland durchsetzen, werden wir nicht erst in 20 Jahren in einer massiv zerrütteten Gesellschaft leben, in der sich Radikale gegenseitig bedienen. Das bedeutet, es wird mehr Radikalisierung und damit mehr Gewalt im Namen von Ideologien geben und gleichzeitig mehr Muslimfeindlichkeit und mehr Rechtsextremismus. Das Potenzial dazu ist da.

Die Ereignisse im November 2020, über die ich weiter oben geschrieben habe, bestätigten diese Umfrage auf eine erschreckende Weise. Damals waren Tausende Muslime in Europa und Hunderttausende weltweit auf die Straße gegangen, um gegen die Mohammed-Karikaturen und *Charlie Hebdo* zu demonstrieren. Doch dies waren keine reinen Proteste, es ging um die Forderung, dass die Meinungsfreiheit in Bezug auf den Islam begrenzt und zensiert werden müsse. Mohammed dürfe nicht abgebildet werden. In Anbetracht der Tatsache, dass diese Proteste nur wenige Tage nach der Ermordung des französischen Lehrers Samuel Paty stattfanden, der nur sterben musste, weil er in seinem Unterricht zum Thema Meinungsfreiheit Mohammed-Karikaturen gezeigt hatte, kriegt das Ganze einen üblen Beigeschmack. Es zeigt, wie entfernt die beiden Sichtweisen voneinander sind: Während viele Europäer – darunter auch viele Muslime – schockiert über die Tat waren, dass ein Lehrer in Europa ermordet, nein, geköpft worden war, weil er Meinungsfreiheit und Demokratie lehrte, fühlten sich die anderen in ihren religiösen Gefühlen so sehr verletzt, dass sie Frankreich boykottieren und die Meinungsfreiheit zensieren wollen. Wie kann es sein, dass beide Gruppen zusammenleben, die gleiche Nationalität haben, zum Teil gemeinsam leben und die Reaktionen auf das gleiche Ereignis so unterschiedlich ausfielen? Wenn das kein Kulturkampf war, was dann?

Parallelgesellschaften haben sich auch in Deutschland längst entwickelt, auch wenn die Bereitschaft, diese genau zu untersuchen, kaum vorhanden ist, schon gar nicht wissenschaftlich. Ähnlich sieht es bei den Themen muslimischer Antisemitismus, patriarchalische Strukturen, Meinungsfreiheit, Umgang mit sexueller Selbstbestimmung oder Mündigkeit beim Umgang mit dem Islam aus.

Das gesellschaftliche Klima, das immer mehr auf Fronten und Polarisierung aus ist, tut ihr Übriges dazu. Und noch etwas wird dazu führen, dass wir uns vielleicht zu wenig oder nur punktuell mit dem Thema politischer Islam beschäftigen werden: Es wird in den nächsten Jahren eine Verschiebung der Debatten geben. Wichtig werden vor allem sein:

- Corona, nach wie vor und noch lange Zeit,
- die Klimakatastrophe,
- wirtschaftliche Probleme,
- der Umgang mit Russland,
- China.

Zusätzlich wird es Druck aus der Antirassismusarbeit geben, solche Themen nicht zu behandeln. Das alles bedeutet, der politische Islam – und vor allem seine Auswirkungen – werden keine wirklichen Debatten auslösen, und wenn, dann keine breiten

Debatten. Das wiederum führt zu mehr Freiräumen für Islamisten und der Möglichkeit, ihre Projekte ungestört fortzuführen.

Und sollten Akteure des politischen Islam irgendwann mal auf die Idee kommen, eine Islampartei in Deutschland zu gründen und vielleicht durch charismatische Figuren und eine gute PR-Strategie die Themen ansprechen, die viele Muslime in Deutschland beschäftigen, und damit ihre Herzen erreichen, könnten sie dadurch einen enormen Einfluss auf die deutsche Politik nehmen und mehr Möglichkeiten bekommen, ihre Anhänger und Themen zu platzieren. Bis jetzt sind solche Versuche auf lokalen politischen Ebenen gescheitert. Im Moment orientieren sich die meisten Muslime in Deutschland an der Mehrheitsgesellschaft. Sollte der politische Islam aber weiter mit seiner Desintegrations- und Missionierungsarbeit erfolgreich sein, könnte ein solches Projekt wie das einer Islampartei Erfolg haben.

Auch ohne eine solche Partei wird das Zusammenleben an vielen Orten immer schwieriger werden. Das Resultat: mehr Gettos, weniger Inklusion. Das Beste, was Radikalen passieren kann, denn diese Spaltung wird die gesamte Gesellschaft destabilisieren – sozial, wirtschaftlich, politisch. Auch außenpolitisch. Wie wird Deutschland beispielsweise zu Israel stehen bei einem zukünftigen Konflikt mit Palästina? Wird aus Angst vor Unruhen im eigenen Land eine Politik gefördert, die einen objektiven Umgang mit muslimischen Ländern erschwert? Wird man anfangen, Antisemitismus zu verharmlosen?

Neben der Angst vor internen Unruhen wird durch die Schleusung von Islamisten in Behörden eine Politik gefördert, die immer weniger die Werte Deutschlands widerspiegelt – Demokratie und Menschenrechte etwa – und immer mehr die Werte des Islamismus. Menschenrechtsverletzungen in Ländern, die dieser Ideologie nahestehen, werden verharmlost, die

Beziehungen zu Ländern, die dem Islamismus entgegenstehen, werden leiden.

Die Zusammenarbeit zwischen Politik und dem politischen Islam wird mit der Begründung zunehmen, man könne ja nichts bewegen, wenn man nicht mit ihnen zusammenarbeite. Das Problem ist, dass diese Zusammenarbeit für Islamisten als Legitimation verstanden wird. Genau so setzen sie diese Zusammenarbeit auch als Zeichen nach außen ein. Das wird dazu führen, dass noch mehr Diskurse unterdrückt werden, so wie jetzt schon jegliche Kritik an islamischen Verbänden, selbst wenn diese vom Verfassungsschutz beobachtet werden, als rassistisch und antimuslimisch bezeichnet wird. Kritiker wie liberale Muslime, konservative Politiker, Islamkritiker oder auch Linke, die im Kopftuch oder in der Burka kein Zeichen von Feminismus sehen, werden mehr und mehr vom Diskurs ausgeschlossen. Und es trifft nicht nur Islamkritiker, sondern jeden, der auf Probleme hinweist oder der den Islamisten im Weg steht. Menschen etwa, die die Integrationspolitik kritisieren, über Radikalisierung sprechen, für eine kontrollierte Migration stehen.

Die Bereitschaft, sich mit dem Thema Islamismus auseinanderzusetzen, wird vonseiten der Politik, Wissenschaft und Medien abnehmen. Zu groß ist die Gefahr eines Shitstorms. Das wiederum wird dazu führen, dass das Thema nur noch von den politischen Rändern behandelt wird. Auf Dauer hält eine Demokratie solche Zustände nicht aus. Die Spaltung und die Destabilisierung werden zum Teufelskreis, in dem die Mitte immer mehr eingeschüchtert ist und die Radikalen immer stärker werden. Wer in die USA schaut, sieht, in welche Richtung sich ein gespaltenes Land entwickeln kann. Die Diskurse verschieben sich in Richtung der politischen Ränder. Diese Entwicklung ist auch in Deutschland nicht ausgeschlossen.

Was also tun? Solange der Westen unsicher mit seiner Identität umgeht, solange er bezüglich dieser Herausforderungen lieber verdrängt statt handelt und Entscheidungen vertagt, werden Islamisten ihre Freiräume erkämpfen. Wir müssen eine breitere Diskussion über Werte und Grundrechte führen, sie in aller Klarheit formulieren und das Zusammenleben aller in dieser Gesellschaft daran festmachen. Vielfalt ist nicht das Zelebrieren von Unterschieden, sondern die Festsetzung von Regeln. Wir brauchen eine Art Roadmap für das Zusammenleben. Denn nur wenn Werte klar und deutlich sind, wird der politische Islam weniger Möglichkeiten finden, Einfluss auf unsere Gesellschaft zu haben.

Mit jeder Forderung, die der politische Islam in der Gesellschaft stellt, stellt er auch die Frage der Identität in Deutschland. Die Ablehnung des Neutralitätsgesetzes in Berlin, der Islamunterricht an staatlichen Schulen, die Muezzinrufe, die Forderung nach Gebetsräumen in Schulen: Dies alles und noch viel mehr ist Teil der Strategie des politischen Islam. Doch die Mehrheitsgesellschaft betrachtet diese Forderungen immer nur einzeln und sieht so das gesamte Bild nicht. Das gesamte Bild zu sehen würde bedeuten, Grundsatzfragen stellen zu müssen: Was sind wir? Wohin wollen wir gehen? Wie viel Raum dürfen Religionen in der Gesellschaft einnehmen? Sind wir ein christliches Land? Ein christlich-jüdisches Land? Sind wir ein säkulares Land? Haben wir eine Trennung zwischen Staat und Religion? Und wenn ja, ist es dann nicht völlig legitim, wenn Muslime fordern, dass der Staat auch muslimische Feiertage begeht? Was hält unsere Gesellschaft zusammen? Solange dieses Land nicht genau weiß, was es sein will, wird der politische Islam immer versuchen, im Namen der Gleichberechtigung mehr Sichtbarkeit und mehr rechtliche Freiräume zu erlangen. Wir müssen nach Lösungen suchen, die ein Zusammenleben auf demokratische Art und Weise ermöglichen, die aber gleichzeitig alle undemokratischen Strukturen erkennen, benennen und ausschließen. Es ist ein Fehler, im Namen der Vielfalt und mit dem Anspruch, moralisch sein zu wollen, die Falschen zu unterstützen. Das Schlimmste für den politischen Islam wäre ein europäisch geprägter Islam mit westlichen Werten. Deshalb brauchen wir genau den.

Wir können den Kampf gegen den Islamismus nur führen, wenn wir gleichzeitig einen Kampf um die Muslime führen. Diejenigen, die mit dem politischen Islam nichts zu tun haben, müssen weiterhin die Freiheit haben, ihre Religion auszuüben. Es geht nicht darum, sie in die gleiche Schublade zu stecken. Es geht nicht um Diskriminierung. Sie sind Teil dieser Gesellschaft, sie müssen darin unterstützt werden. Muslimische Deutsche müssen darin bestärken werden, einen gemäßigten Islam zu leben, in dem sie die strikte Trennung von Religion und Staat bedingungslos anerkennen. Liberale und moderate Muslime müssen im Islamdiskurs mehr Gehör bekommen. Sie sollten zudem zeigen, dass sie die Mehrheit sind und die Deutungshoheit über ihre Religion nicht den Radikalen überlassen.

Dafür brauchen sie Alternativen. Moscheevereine beispielsweise, die unabhängig sind. Das ist natürlich eine Gratwanderung, denn es ist einfach, nach außen hin zu behaupten, man sei offen, demokratisch, tolerant, habe mit dem politischen Islam nichts zu tun – und nach innen ganz andere Werte zu vermitteln. Es ist ein Kraftakt, lokale Partner zu finden, die unabhängig sind, denn sie sind weniger sichtbar. Aber es gibt sie. Man muss nur wollen.

Im Zugzwang sind hier vor allem Behörden und Politiker. *Sie* müssen sich informieren. *Sie* müssen die Strukturen des politischen Islam erforschen. Fundamentalistische Einrichtungen müssen enttarnt, ihre Strategien offengelegt und mit Rechtsstaatlichkeit bekämpft werden. Die Zusammenarbeit mit Verbänden, die Verbindungen ins Ausland und eine Nähe zum politischen Islam haben, muss beendet werden. Der radikale Islam hat in unserer Gesellschaft nichts verloren. Das schafft man, indem man Dialoge mit den Muslimen jenseits der Verbände führt, sprich: mit der überwältigenden Mehrheit der Muslime, die nicht in solchen Verbänden organisiert sind und die sich nicht von ihnen vertreten fühlen. Das schafft man zum Beispiel durch eine gute Wohnpolitik, die darauf ausgelegt ist, Ghettos abzuschaffen, und durch eine bessere Schulpolitik. Das schafft man nicht durch eine bequeme Symbolpolitik, die keine nachhaltigen Veränderungen in unserer Gesellschaft anstrebt.

Eine gemeinsame Zukunft schaffen wir nur, indem wir die Stärken der Demokratie vermitteln und unser Augenmerk auf Inklusion und Durchmischung richten. Wir brauchen mehr Begegnungen zwischen den Menschen. Zwischen allen Menschen. Und: Die Zukunft liegt in der Säkularität. Nur so können in einer Gesellschaft alle Religionen nebeneinander in Frieden existieren.

Die Freiheit stirbt stückweise und meistens unsichtbar: ein Kompromiss hier, ein Entgegenkommen dort, eine Förderung hier, eine Zusammenarbeit dort. Und nein, diejenigen, die am ersten darunter leiden, sind nicht die Menschen aus der Mehrheitsgesellschaft, sondern muslimische Menschen, die mit Deutschland Freiheit und Liberalität verbinden. Sie werden von den Islamisten unterdrückt und verdrängt. Danach werden andere Minderheiten leiden. Am Anfang die Juden, danach andere Minderheiten wie die Alawiten. Nur im letzten Schritt werden die Auswirkungen in der Mehrheitsgesellschaft spürbar sein.

Wenn man es genau betrachten und das Narrativ der Klimaschützer benutzen will, dann ist unsere nächste Regierung die letzte, die mit demokratischen Möglichkeiten Verhältnisse wie in Frankreich vermeiden kann. Frankreich, das tagtäglich mit Islamismus und Parallelgesellschaften zu kämpfen hat, das von Juden massenhaft verlassen wird, um Sicherheit im Nahen Osten und in Israel zu suchen – und in dem Lehrer ermordet werden, weil sie Demokratie und Meinungsfreiheit lehren wollten. Wenn wir solche Verhältnisse verhindern wollen, müssen wir anfangen, aktiv dafür zu arbeiten. Wir müssen eine Vision haben, vor allem auch in Bezug auf den politischen Islam, der mit allen Mitteln versucht, die Gesellschaft zu infiltrieren, und jegliche Diskussion sofort als islamophob und fremdenfeindlich betitelt.

Herausforderungen für die Demokratie ergeben Forderungen an die Politik

Kein anderes Land in Europa ist so stark von Islamismus betroffen wie Frankreich. Kein Land musste so viele islamistische Anschläge einstecken und dabei verkraften, dass zur gleichen Zeit Bürger ausreisten, um sich der Terrormiliz IS anzuschließen. In Frankreich wurden Anschläge verübt, die das gesamte Land erschütterten: Zu den Opfern der Terrortaten von Mohamed Merah im März 2012 in Toulouse und Montauban gehörten drei jüdische Kinder. Der Anschlag auf die Zeitschrift *Charlie Hebdo* im Januar 2015 galt Satirikern und Zeichnern. Die verheerende Anschlagsserie im Konzertsaal Bataclan im November 2015 forderte 130 Tote. Ein Anschlag im Sommer 2015 in Nizza 85 Todesopfer. Der jüngste Fall war der Mord an dem Lehrer Samuel Paty. Daneben kam es in den vergangenen Jahren zu vielen weiteren Anschlägen auf Kirchen, jüdische Einrichtungen und Polizisten. Einige Vororte haben sich zu migrantischen Parallelgesellschaften entwickelt, in denen Islamisten den Ton angeben, die das geltende Recht ignorieren. Der Staat hat zu lange weggeschaut.

Freilich sind die Dynamiken in Frankreich andere als die in Deutschland. Lernen lässt sich aus den verfehlten Entwicklungen des französischen Staates dennoch. Und so ist es die drängende Aufgabe unserer jetzigen Bundesregierung, Verhältnisse wie dort mit demokratischen Mitteln zu verhindern.

Dabei geht es mir nicht darum, Muslime generell als Gefahr zu sehen oder eine Machtübernahme durch Islamisten am Horizont aufzuzeigen. Islamisten in Deutschland, Frankreich oder Großbritannien hegen zwar Phantasien von einem Gottesstaat, doch unsere Demokratie hat die Kraft und die Mittel, diese Phantasien nicht Wirklichkeit werden zu lassen. Eine selbstbewusste Demokratie ist wehrhaft, und ihre Sicherheitsorgane sind aufgeklärt und aufmerksam. Darauf vertraue ich, und daran arbeite ich mit, wo immer ich kann. Tatsächlich muss die europaweit geringe Zahl der Anhänger des politischen Islam nicht das Ende Europas fürchten lassen.

Dennoch appelliere ich an die Gesellschaft, jeden Menschen aktiv und beherzt für die Demokratie zu gewinnen, damit Rechtsstaat und Demokratie gestärkt und ihre Gegner erkannt werden. Wo demokratisches Bewusstsein fehlt, was in einigen islamisch geprägten Communitys der Fall ist, genauso wie im Umfeld rechter Reichsbürger beispielsweise, muss es geweckt und gefördert werden – vor allem bei Kindern und Jugendlichen.

Es geht also nicht darum, dass eine Islamisierung Deutschlands droht. Würde die Mehrheit das glauben, hätten wir das Vertrauen in unsere Demokratie und ihre Organe schon verloren. Doch wie ich hier gezeigt habe, gibt es unterhalb der Schwelle zum kriminellen Radikalismus Zu- und Umstände, die Menschen daran hindern, ihr Potenzial in der Demokratie zu entfalten und ihr Glück im Leben zu finden. Mir geht es um das muslimische Mädchen aus Berlin-Neukölln, das gerne ein selbstbestimmtes Leben führen und eine eigene Meinung vertreten will. Mir geht es um den muslimischen Jungen aus Duisburg-Marxloh, der genügend Selbstbewusstsein entwickelt, um seine Würde nicht vom Verhalten seiner Schwestern abhängig zu machen. Mir geht es um die muslimische Frau, die ihr Kopftuch ablegen möchte und trotzdem als gleichwertiger Teil ihrer Community anerkannt wird. Mir geht es um den muslimischen Mann, der Teile seiner Religion in Frage stellen kann, ohne zu befürchten, in der Hölle zu landen.

Ich fordere vom demokratischen Staat, von den Behörden, der Politik und den Schulen die Fähigkeit, in Moscheen und anderen Communitys extremistische Ideologien als solche zu erkennen und einzudämmen. Ich fordere eine klarere Unterstützung aller Lehrerinnen und Lehrer, damit sie im Sinne ihrer Schülerinnen und Schüler für Freiheit und Gleichberechtigung eintreten können. Ich fordere bessere, aufmerksamere Strategien der Integration. Der demokratische Rechtsstaat braucht eine selbstbewusste, starke Zivilgesellschaft und Politik, in der Demokratinnen und Demokraten sich einig sind, dass Extremismus tabufrei, entschlossen und ohne falsche Kompromisse bekämpft wird.

Mein Einsatz gilt mit jeder Faser der Demokratie.

Was zu tun ist, will ich an vier Prämissen für Präventionsarbeit und Politik und drei weiteren Forderungen illustrieren.

Prämisse 1: Eine sachliche, differenzierte, tabufreie und lösungsorientierte Debatte über den politischen Islam und Extremismus generell.

Bis heute weisen vor allem einzelne Akteure in Politik, den Medien und Sicherheitsapparaten auf die Gefahren des politischen Islam, etwa in Schulen oder Moscheen, hin. Jenseits davon wird Islamismus entweder als Kampfbegriff der Rechtsradikalen aufgefasst oder als Oberbegriff für gewaltbereite Terroristen. Wer nicht in dieses Schema passt, wird – vor allem auf lokaler Ebene – bedenkenlos zum Partner in der Prävention, Integration oder der Bekämpfung von Islamismus gemacht. In diesem Buch habe ich viele Beispiele dafür erwähnt, wie der Bock zum Gärtner gemacht wird. Das gilt es deutlicher zu erkennen.

Inzwischen warnen auch Persönlichkeiten wie Robert Habeck, Sascha Lobo und Kevin Kühnert vor einer Verharmlosung des Islamismus. Auch sie haben verstanden, dass es uns nicht voranbringt, der Wahrheit auszuweichen aus Angst vor der Zustimmung von Rechtsradikalen oder aus Sorge, ja auf der »richtigen Seite« zu stehen. Damit bilden sich wie in den USA polarisierte Lager, die keine fruchtbare Debatte mehr hervorbringen. Randgruppen erlangen die Diskurshoheit, während die demokratische Mitte eingeschüchtert wird und schweigt. Zu erleben ist das teils bei Themen wie Rassismus, Klimawandel oder Corona – und eben auch beim Thema Islamismus. Diesen Trends gilt es wach und offen entgegenzuwirken.

Prämisse 2: Einigung der demokratischen Gesellschaft auf ihre gemeinsamen Werte.

Die Beantwortung folgender Fragen ist die größte Aufgabe unserer Gesellschaft, denn sie sind von enormer Bedeutung: Wie kann Demokratie in einer vielfältigen, diversen, multireligiösen Gesellschaft bestehen und gedeihen? Wo sind die Grenzen von Religionsfreiheit? Wie geht die Gesellschaft damit um, dass es unterschiedliche Konzepte von Erziehung und Kultur gibt?

Ein klarer, auf der Verfassung fußender Kurs ist entscheidend für ein friedliches Zusammenleben in der Zukunft. Die Debatte über das Zusammenleben ist in falschen Händen, solange die Kritik identitären, religiösen, rechten Gruppierungen überlassen bleibt. Allen im Land muss klar sein: Die Bundesrepublik Deutschland ist eine Einwanderungsgesellschaft, Deutschsein ist nicht auf alteingesessene Einheimische beschränkt. Doch die Vielfalt, die Diversität, die ein Schatz für jede Gesellschaft sein kann, braucht einen klaren Rahmen, den alle mittragen. Die damit verbundenen Herausforderungen sind lösbar. Eine Voraussetzung dafür ist, Vielfalt weder ausschließlich als Bereicherung noch ausschließlich als Bedrohung zu sehen, sondern je nach Fall zu differenzieren, Defizite im Demokratieverständnis zu erkennen und offensiv anzugehen.

**Prämisse 3:
Errichtung eines Zentrums für wehrhafte Demokratie und gegen Extremismus.**

Staatliche Interventionen gegen Extremismus brauchen eine zentrale Institution, die Erkenntnisse sammelt, bündelt und auswertet. Wie bei der Bekämpfung von Pandemien brauchen wir ein wissenschaftlich arbeitendes Zentrum, um Entwicklungen, Strukturen, ideologische Einstellungen und Strategien religiöser und politischer extremistischer Ideologien zu erforschen, zu erkennen und darüber aufzuklären. Das Zentrum erstellt Konzepte und entwickelt Richtlinien, um antidemokratischen Clustern zielgerichtet entgegenzutreten. Ein solches Forschungszentrum sollte Politik und Behörden ebenso beraten wie etwa die Kultusministerkonferenz den Bildungssektor. Dabei handelt es sich um Aufgaben, die der Verfassungsschutz oder die Polizei nicht übernehmen können. Das Zentrum muss in der Lage sein, Anfragen von Politik, Wissenschaft und Zivilgesellschaft zu beantworten und ideologisch belastete Vereine oder von Radikalismus kontaminierte Organisationen eindeutig zu identifizieren.

Ein Ergebnis dieses Zentrums sollte eine Islamkarte sein, in der muslimische Institutionen und Vereine dargestellt werden – positive wie negative. Sprich: Wo findet man Partner auf der muslimischen Seite, und wo findet man Institutionen, die eine Nähe zum politischen Islam aufzeigen?

Hierbei ist es wichtig, folgende Punkte zu betonen:

1. Dieses Vorhaben sollte zivilgesellschaftlich betrieben werden.
2. Es ist nicht als Konkurrenz zum Verfassungs- oder Staatsschutz zu verstehen, sondern als Ergänzung. Der Verfassungsschutz ist begrenzt in seiner Beratungstätigkeit, Politik und Zivilgesellschaft brauchen jedoch permanent Informationen darüber, mit wem sie arbeiten oder kooperieren können und mit wem nicht.
3. Die Islamkarte muss immer wieder aktualisiert werden.

Prämisse 4:
Erweiterte Demokratieklausel für alle öffentlich finanzierten oder geförderten Organisationen, Vereine und Stiftungen in der Präventionsarbeit.

Vereine und Organisationen, die durch den Verfassungsschutz beobachtet werden oder dort gelistet sind, dürfen nicht mit Steuergeldern finanziert werden. Wo undemokratische Werte gelten, wo Antisemitismus und religiöser oder politischer Extremismus vertreten werden, darf es keine Staatsgelder geben. Wer durch seine Methodik und seine Einstellung gegen sexuelle Selbstbestimmung, Gleichberechtigung oder Meinungsfreiheit arbeitet und wer dadurch Homophobie, Rassismus, Hass oder Antisemitismus toleriert oder fördert, dem sollte von staatlicher Seite mit dem Gesetz begegnet werden, nicht mit Fördermitteln. Methoden, Konzepte und Ziele der Arbeit für Prävention, Integration und Deradikalisierung sollte regelmäßig staatlich evaluiert und geprüft werden. Diese Prozesse müssen weitaus professioneller werden. Bei allen Projektzielen der Prävention muss der Abbau von undemokratischen Einstellungen die oberste Priorität haben, also die Förderung von Mündigkeit, kritischem Denken und offenem Zugang zu den Möglichkeiten von Demokratie und Freiheit.

Wichtig hierbei: Es handelt sich nicht um einen Radikalenerlass, wie man ihn in den 1970er Jahren praktiziert hat. Es geht nicht darum, persönliche Karrieren zu zerstören oder einen Generalverdacht zu schaffen. Es geht mir darum, bei der Finanzierung von Projekten oder bei Fördergeldern, die an Vereine gehen, zu überprüfen, ob die Organisationen und ihre Mitarbeiterinnen und Mitarbeiter keine Nähe zu extremistischen Ideologien haben.

Aus diesen vier Prämissen lassen sich folgende **Richtlinien für effiziente Präventions- und Integrationsarbeit** ableiten:

- Präventionsarbeit gegen Extremismus muss stets professionell und daher grundsätzlich religiös neutral sein. Sie ist im Kern der Verfassung und der Aufklärung verpflichtet.
- Die Arbeit kann allein durch gut ausgebildete Kräfte aus den Bereichen der Pädagogik, Sozialarbeit und Psychologie geleistet werden. Freie Träger und deren Mitarbeitende müssen vor Antritt der Arbeit grundsätzlich einer Sicherheitsprüfung durch den Staats- oder Verfassungsschutz unterzogen werden (siehe Demokratie-Klausel).
- Die Arbeit soll in erster Linie dazu befähigen, dass die Mündigkeit und das Demokratieverständnis der Teilnehmenden gestärkt werden, dass sie zu kritischem Denken angeregt werden und die Werte des Grundgesetzes aufnehmen.

- Die Arbeit muss nachhaltig und über die Dauer von Maßnahmen, Kursen und Gruppen hinaus wirksam sein.
- Präventionsarbeit bedeutet offene Diskussion und das Erlernen kritischen Denkens.
- Zur Stärkung der Meinungsfreiheit geht es darum, das Debattieren zu erlernen, in Kontroversen andere Meinungen und Argumente auszuhalten und in der Gruppe bei Diskussionen Lösungen für Konfliktthemen zu suchen und zu entdecken.
- Präventionsarbeit und Demokratiearbeit sollen grundsätzlich zum Hinterfragen ideologischer Dogmen und Vorurteile ermutigen und anleiten.
- Kein Thema darf ausgeklammert werden. Thematisiert gehören der Buchstabenglaube in der Rezeption des Korans, der Exklusivitätsanspruch von Glaubensrichtungen, Gewalt und Angstpädagogik in Familien, religiöse und kulturelle Tabus zur sexuellen Selbstbestimmung, Kleidungsgebote oder Schwimmverbote für Mädchen und Frauen, traditionelle und aktuelle Opfer- und Feindbilder, patriarchale Männer- und Frauenbilder.
- Beim Thema Religionsfreiheit geht es darum, die Freiheit des Glaubens sowie die Gleichberechtigung der Religionen zu vermitteln.
- Besonderes Gewicht haben sollte die Diskussion um den virulenten Nahostkonflikt, das Aufklären über Verschwörungstheorien und über religiöse oder kulturelle Vorurteile gegenüber Israel und Juden.
- Inklusion ist wichtig: Findet Präventionsarbeit in Einrichtungen wie Schulen, Jugendzentren oder Justizvollzugsanstalten statt, sollten so viele Mitarbeitende wie möglich als Beobachter oder aktiv teilnehmen dürfen, damit sie erstens viele Menschen erreicht und zweitens transparent für alle bleibt.

- Präventionsarbeit nimmt ihr Gegenüber ernst. Sie soll intellektuell herausfordern, darf nicht belehrend sein und muss auf Augenhöhe stattfinden. Traditionelle, patriarchale Autoritätspersonen sind für diese Arbeit nur bedingt effizient. Dauerhaft tragen Ermahnungen oder Weisungen von oben nicht zur Mündigkeit bei.

Neben den genannten Prämissen für Präventionsarbeit und Politik sind drei weitere **Forderungen im Kampf gegen den Extremismus** wichtig:

Forderung 1: Moscheesteuer

Islamische Strukturen in der Bundesrepublik müssen unabhängig werden von ausländischen Finanzierungen und damit Ideologien. Nur so lässt sich nachhaltig der Einfluss des politischen Islam begrenzen. Es müssen Alternativen geschaffen werden. Dazu kann das Konzept gehören, dass Gemeinden von ihren Mitgliedern eine Moscheesteuer erheben, um sich finanziell unabhängig zu machen, oder dass der Staat eine solche Steuer einzieht, wie es für die Kirchen geschieht.

Mir ist bewusst, dass ich mit dieser Forderung viele Leserinnen und Leser verärgern könnte und dass viele von ihnen auch das Konzept der Kirchensteuer komplett ablehnen. Die Kritik kann ich verstehen, ich wünschte mir selbst eine andere Beziehung zwischen Staat und Religionsgemeinschaften. Aber ich sehe die Realität, und ich sehe, wie die konservativen Islamverbände diese Realität für sich nutzen. Deshalb brauchen wir eine Reglung, die zu den bestehenden Grundgesetzen dieses Landes passt. Eine Moscheesteuer kann Folgendes schaffen:

1. Unabhängigkeit vom Ausland, da eine Finanzierung durch das Ausland damit verboten werden kann und muss.
2. Dadurch, dass Muslime von ihrem Gehalt ihre eigene Gemeinde aktiv mitfinanzieren müssen, werden die Mitgliederzahlen der einzelnen Gemeinden klarer. Bislang sind Zahlen immer nur durch Umfragen und Selbstauskünfte geschätzt worden.

Forderung 2:
Bildung ist die beste Impfung gegen Extremismus.

Wer hätte vor 40 Jahren gedacht, dass die Frage nach Gebetsräumen in Schulen irgendwann einmal Schüler, Politik und Medien beschäftigen wird? Oder dass das Kopftuch in Grundschulen zu einem Streitthema wird? Wer hätte gedacht, dass es Schulklassen geben würde, deren Kinder in ihren Elternhäusern 15 unterschiedliche Sprachen sprechen – und die solch unterschiedliche kulturelle Zugänge zur Welt haben? Das ist die Realität von heute, und Schulen müssen ihr entsprechen. Alle Schulen brauchen zunehmend interkulturelle Kompetenz. Auch und gerade beim Thema Religion und Rechtsradikalismus müssen Lehrerinnen und Lehrer lernen, Radikalisierungstendenzen zu erkennen, ebenso wie Symptome für psychischen Stress. Kinder und Jugendliche müssen lernen, mit der Vielfalt der Gesellschaft konstruktiv umzugehen. Dazu brauchen sie kritische Kompetenz beim Wissenserwerb. Sie müssen die Fähigkeit zu debattieren trainieren. Sie müssen lernen, Medien und das Internet zu hinterfragen und das demokratische Miteinander schon in Schulparlamenten üben. Gleichzeitig müssen Schulen das Bewusstsein für klare Regeln vermitteln, die für alle gelten – ob sie unterrichten oder unterrichtet werden.

Forderung 3: Europäische Solidarität

Radikale, antidemokratische Kräfte wie die des Islamismus und der neonationalen Bewegungen agieren europaweit. Ihnen muss auch auf europäischer Ebene entgegengewirkt werden. Die Bundesregierung ist hier auf allen Ebenen gefragt, ihren Einfluss geltend zu machen, um gemeinsames, europäisches Handeln zu stärken, in der Aufklärungs- und Polizeiarbeit genauso wie in der länderübergreifenden Kultur- und Bildungsarbeit.

Anmerkungen

1 Enes Bayraklı & Farid Hafez, European Islamophobia Report 2017, Istanbul, SETA, 2018, Seite 77: »Some of the authors such as Saïda Keller-Messahli and Ahmad Mansour are among the most vocal public Islamophobic speakers. The use of Muslim witnesses, ›native informals‹, is a central aspect of the discourse of the ÖIF, the Federal Ministry for Europe, Integration and Foreign Affairs, and the Conservative Party.«

2 https://www.berlin.de/generalstaatsanwaltschaft/presse/presse mitteilungen/2021/pressemitteilung.1116778.php

3 https://www.berlin.de/generalstaatsanwaltschaft/presse/presse mitteilungen/2021/pressemitteilung.1161848.php

4 https://www.unicef.de/informieren/aktuelles/blog/weltmaedchentag-elf-fakten-zu-maedchen/176128

5 https://lfv.hessen.de/presse/aktuelles-pressemitteilungen/keine-raeume-fuer-islamisten

6 https://lfv.hessen.de/presse/aktuelles-pressemitteilungen/keine-raeume-fuer-islamisten

7 Verfassungsschutzbericht Baden-Württemberg 2020, Seite 70.

8 https://www.bundesregierung.de/breg-de/service/archiv/archiv-mediathek/kanzlerin-zu-integration-1727222

9 Der Text im Original: »D'Abdullah, serviteur d'Allah, à Macron, chef des infidèles, j'ai exécuté l'un de vos chiens de l'enfer qui a osé offenser Muhammad. Calmez ses semblables avant qu'un châtiment sévère ne vous soit infligé.«

10 Kommentar auf Facebook vom 20. Oktober 2020

11 https://twitter.com/hamburgfurkan

12 https://www.im.nrw/furkan-gemeinschaft

13 https://www.swr.de/swr2/wissen/politischer-islam-in-deutschland-gefahr-oder-panikmache-100.html

14 https://www.im.nrw/system/files/media/document/file/VS_Bericht_NRW_2020.pdf

15 https://www.swr.de/swr2/wissen/politischer-islam-in-deutschland-gefahr-oder-panikmache-100.html

16 https://www.facebook.com/FurkanBewegung2011/photos/a.110809857982619/113427527720852

17 https://sp-frauen.ch/de/news/medienmitteilung/fuer-ein-feministisches-nein-zur-burkainitiative/

18 https://twitter.com/laurossignol/status/1455453777490755586?ref_src=twsrc%5Etfw%7Ctwcamp%5Etweetembed%7Ctwterm%5E1455453777490755586%7Ctwgr%5E%7Ctwcon%5Es1_&ref_url=https%3A%2F%2Fwww.lefigaro.fr%2Factualite-france%2Fla-liberte-dans-le-hijab-une-campagne-de-communication-du-conseil-de-l-europe-fait-polemique-20211102. Der Text im Original: »Rappeler que les femmes sont libres de porter le hijab (dans le respect des lois de chaque état membre, en France celle de 1905 et 2004) est une chose. Dire que la liberté est dans le hijab, en est une autre. C'est en faire la promotion. C'est le rôle du conseil de l'Europe?«

19 https://www.bbc.com/news/world-europe-59149035: »On Wednesday, the Council of Europe told the BBC that tweets related to the campaign had been deleted ›while we reflect on a better presentation of this project‹.«

20 Vgl. hierzu: https://femyso.org/the-attack-on-the-council-of-europes-hijab-campaign-is-an-attack-on-human-rights/https://www.diepresse.com/6056121/kopftuch-werbung-bezahlt-aus-dem-eu-budget sowie https://www.nzz.ch/feuilleton/muslimbruderschaft-die-unheimlichen-brueder-ld.1653391

21 Verfassungsschutzbericht Baden-Württemberg 2020, S. 70, 74

22 https://www.islamicrelief.de/wer-wir-sind/

23 https://dserver.bundestag.de/btd/19/230/1923023.pdf sowie https://kleineanfragen.de/bundestag/19/9415-ausmass-auslaendischer-einflussnahme-auf-religionsgemeinschaften-religioese-vereine-und-sonstige-religioese

24 Karl Raimund Popper: Die offene Gesellschaft und ihre Feinde, Band 1, Bern 1957 (S. 359)

25 Siehe dazu https://www.ifop.com/publication/droit-au-blaspheme-caricatures-liberte-dexpression-les-francais-sont-ils-encore-charlie/